Kuharska knjiga
Bar Snacks in

100 SLANIH IN SLADKIH RECEPTOV ZA VSAKO SREČANJE

Majda Pirc

Sommario

UVOD

Kaj je brownie? Brownie je kvadratna ali pravokotna čokoladna pečena sladica. Browniji so na voljo v različnih oblikah in so lahko puhasti ali sladki, odvisno od njihove gostote. Lahko vključujejo oreščke, glazuro, kremni sir, čokoladne koščke ali druge sestavine.

Kaj so maščobne bombe? Maščobne bombe so sladke dobrote z nizko vsebnostjo ogljikovih hidratov in sladkorja, običajno narejene s kokosovim oljem, kokosovim maslom, kremnim sirom, avokadom in/ali maslom iz oreščkov. Skoraj vse, kar vsebuje veliko maščob, brez sladkorja in malo ogljikovih hidratov, lahko postane maščobna bomba.

Kaj so desertne kroglice? V bistvu gre za bogato sladko slaščico, narejeno s sladkorjem in pogosto aromatizirano ali kombinirano s sadjem ali oreščki. Kaj je lahko boljšega od dekadentne sladice? Tisti, ki prihaja v obliki žoge!

Od tu naprej bo po zaslugi teh receptov peka iz nič, serije brownijev ali maščobne bombe ali sladice tako enostavna kot poseganje po škatlah.

Potopimo se!

BROWNIJI & FUDGE

a) Čokoladni lešnikovi browniji

Sestavine:

- 1 skodelica nesladkanega kakava v prahu
- 1 skodelica večnamenske moke
- 1 čajna žlička soda bikarbona
- ¼ žličke sol
- 2 žlici. nesoljeno maslo
- 8 žlic. maslo
- 1½ skodelice temno rjavega sladkorja, trdno pakiranega
- 4 velika jajca
- 2 žlički ekstrakt vanilije
- ½ skodelice mlečne čokolade
- ½ skodelice polsladkih čokoladnih koščkov
- ½ skodelice praženih lešnikov, sesekljanih

a) Pečico segrejte na 340°F (171°C). Pekač velikosti 9 × 13 palcev (23 × 33 cm) rahlo premažite z razpršilom za kuhanje proti prijemanju in ga postavite na stran. V srednji skledi zmešajte nesladkan kakav v prahu, večnamensko moko, sodo bikarbono in sol. Odložite.

b) V dvojnem kotlu na majhnem ognju stopite skupaj nesoljeno maslo in maslo. Ko se stopi, odstavite z ognja in vmešajte temno rjavi sladkor. Mešanico masla in sladkorja vlijemo v mešanico moke in premešamo, da se združi.

c) V veliki skledi z električnim mešalnikom na srednji hitrosti 1 minuto stepajte jajca in vanilijev ekstrakt. Počasi dodajajte mešanico masla in moke in mešajte še 1 minuto, dokler se le ne združi. Dodajte koščke mlečne čokolade, koščke polsladke čokolade in lešnike ter stepajte nekaj sekund, da se hitro porazdeli.

d) Mešanico prenesite v pripravljen pekač in pecite 23 do 25 minut ali dokler vrh ni videti temen in suh. Popolnoma ohladite v pekaču, preden ga razrežete na 24 kosov in prestavite na krožnik.

e) Shranjevanje: Tesno zavito v plastično folijo hranite v hladilniku 4 do 5 dni ali v zamrzovalniku 4 do 5 mesecev.

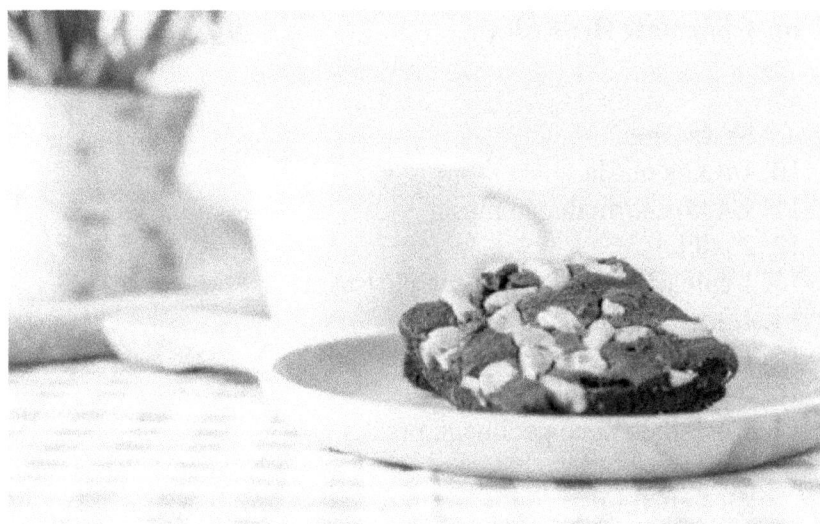

b) Chocolate Brownies

Sestavine:
10. 1/4 kos masla
11. 1/4 kos normalnega masla
12. 2 jajci
13. 1 čajna žlička vanilijevega ekstrakta
14. 1/3 nesladega kakava v prahu
15. 1/2 kos večnamenske moke
16. 1/4 teaspoon sal
17. 1/4 čajne žličke pecilnega praška

Za Frosting:
- 3 tablespoons maslo, zmehčano
- 1 čajno maslo, zmehčano
- 1 tablespoon honey
- 1 téasroon vanilla extrac t
- 1 cur confectioners' sladkor

navodila:
- Predgrejte pečico na 330 stopinj F.
- Namastite in pomokajte 8-palčni kvadratni pekač.
- V veliki ponvi na zelo majhnem ognju stopite 1/4 kozarca masla in 1/4 skodelice masla.
- Remove iz heat, in smešaj v sugar, eggs in 1 teaspoon vanilla. Vmešajte 1/3 kozarca sosa, 1/2 kozarca moke, soli in pecilnega praška. Testo razporedite v prej pripravljen pekač.
- Pecite v rreheated oven 25 do 30 minut. Do ne overcook.

Za glazuro:

Zmešajte 3 tablespoons softened butter and 1 čajno žličko masla; dodajte žlice sosoa, medu, 1 čajno žličko vanilijevega ekstrakta in 1 kos sladkorja. Mešajte do gladkega

c) Rocky Road Brownies

Dobitek: 12 brownijev

Ingredients:
- 1/2 masla, prepojenega s surn sannabis
- 1/8 kos masla
- 2 unči nesladkane čokolade
- 4 ounces bittersweet or semisweet čokolada
- 3/4 cup all-purpose flou r
- 1/2 teaspoon sal
- 1 skodelica granuliranega sladkorja
- 2 veliki jajci
- 1 čajna žlička ekstrakta vanilije
- 3/4 skodelice popečenih mandljevih rezin
- 1 miniaturni marshmallow

navodila:
1. Pečico segrejte na 350 stopinj F. 8-palčni kvadratni pekač obložite z aluminijasto folijo in namastite folijo bodisi z maslom ali zelenjavno omako.
2. Maslo, maslo in čokolado stopite na nizki temperaturi v srednji ponvi in ob pogostem mešanju. Postavite na stran, da se ohladi za 5 minut.
3. Zmešajte moko in sol; set asside.
4. Sladkor vmešajte v stopljeno maslo, dokler ni dobro premešano.
5. Stepite v the jajca in vanilijo in nadaljujte z mešanjem, dokler ni werporared.
6. Zmešajte moko in sol, dokler se ravno ne združita.
7. Rezervirajte 1/2 sur bownie batter, an the preostanek razporedite v prared pan.
8. Testo pečemo v ponvi približno 20 minut. Medtem ko se peče, pripravite torring tako, da skupaj z mešanjem omenjenega testa vmešamo toasted almonds in marshmallows
9. Ko se je testo v pekaču peklo 20 minut, ga vzemite iz pečice.
10. Srread тoppp or-paked brownies and read to pečica. Pecite še približno 10 minut ali dokler marshmallows ne porjavi in se

zobotrebec zapiči v sredino, na katerem se je oprijelo le nekaj močnih drobtin. Pustite, da se ohladijo v ponvi, preden uporabite folijo, da dvignete piškote in jih narežete.

d) arašidov in Jelly Fudge

Sestavine:

- Javorjev sirup, ¾ skodelice
- Ekstrakt vanilije, 1 čajna žlička
- Arašidi, 1/3 skodelice, sesekljani
- Arašidovo maslo, ¾ skodelice
- Posušene češnje, 1/3 skodelice, narezane na kocke
- Čokoladni beljakovinski prah, ½ skodelice

metoda:

- Arašide in češnje nasekljajte in odložite.
- Javorjev sirup segrejte na nizki ravni, nato pa v skledi prelijte arašidovo maslo. Mešajte do gladkega.
- Dodajte vanilijo in beljakovinski prah ter dobro premešajte, da se združita.
- Zdaj dodajte arašide in češnje ter nežno, a hitro prepognite.
- Testo prenesite v pripravljen pekač in zamrznite, dokler se ne strdi.
- Ko se strdi, narežite na ploščice in uživajte.

e) Mandljeva mešanica brez peke

Sestavine:

- Oves, 1 skodelica, zmlet v moko
- Med, ½ skodelice
- Hitri ovseni kosmiči, ½ skodelice
- Mandljevo maslo, ½ skodelice
- Ekstrakt vanilije, 1 čajna žlička
- Vanilijev beljakovinski prah, ½ skodelice
- Čokoladni koščki, 3 žlice hrustljavih riževih kosmičev, ½ skodelice

metoda:

- Pekač poškropite s pršilom za kuhanje in ga pustite ob strani. Kombinirajte riževe kosmiče z ovseno moko in hitrim ovsom. Drži na stran.
- V ponvi stopite mandljevo maslo z medom in dodajte vanilijo.
- To mešanico prenesite v skledo s suhimi sestavinami in dobro premešajte.
- Prenesite v pripravljen pekač in poravnajte z lopatko.
- Hladite 30 minut ali dokler se ne strdi.
- Medtem stopite čokolado.
- Mešanico odstranite iz ponve in po vrhu pokapajte stopljeno čokolado. Ponovno ohladite, dokler se čokolada ne strdi, nato pa jo narežite na ploščice želene velikosti.

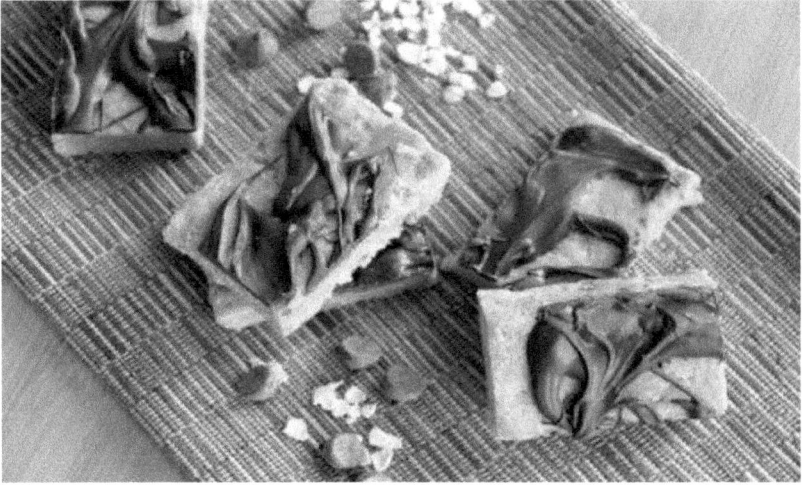

f) Red Velvet Fudge ProteinBars

Sestavine:

a) Pire pečene pese, 185 g
b) Vanilijeva pasta, 1 čajna žlička
c) Nesladkano sojino mleko, ½ skodelice
d) Maslo iz orehov, 128 g
e) Rožnata himalajska sol, 1/8 čajne žličke
f) Ekstrakt (maslo), 2 žlički
g) Surova stevija, ¾ skodelice
h) Ovsena moka, 80 g
i) Beljakovine v prahu, 210 g

metoda:

a) V ponvi stopite maslo in dodajte ovseno moko, beljakovine v prahu, pesin pire, vanilijo, ekstrakt, sol in stevio. Mešajte, dokler se ne združi.
b) Zdaj dodajte sojino mleko in mešajte, dokler se dobro ne premeša.
c) Mešanico prestavimo v ponev in ohladimo za 25 minut.
d) Ko je zmes čvrsta, narežite na 6 ploščic in uživajte.

g) Fudge Munchies

Obroki: 6-8

Sestavine:

- 1/2 skodelice masla
- 1/2 skodelice mandljevega masla
- 1/8 do 1/4 skodelice medu
- 1/2 zmečkane banane
- 1 čajna žlička Izvleček vanilije
- poljubno maslo iz orehov
- 1/8 skodelice suhega sadja
- 1/8 skodelice čokoladnih koščkov

navodila:

a) V mešalnik ali predelovalec hrane dodajte vse sestavine. Mešajte nekaj minut, dokler ni gladka. 2. Maso vlijemo v pekač, obložen s papirjem za peko.
b) Za večje kose uporabite mini pekač ali podvojite recept. Ohladite ali zamrznite, dokler se ne strdi. Razrežite na 8 enakih kvadratov.

c)

a) Zamrznjeni Mocha Browniji

- 1 c. sladkor
- 1/2 c. maslo, zmehčano
- 1/3 c. kakav za peko
- 1 t. zrnca instant kave
- 2 jajci, pretepeni
- 1 t. ekstrakt vanilije
- 2/3 c. večnamenska moka
- 1/2 t. pecilni prašek
- 1/4 t. sol
- 1/2 c. sesekljanih orehov

- V ponvi zmešajte sladkor, maslo, kakav in kavna zrnca. Kuhajte in mešajte na srednjem ognju, dokler se maslo ne stopi. Odstranite z ognja; ohladite 5 minut. Dodajte jajca in vanilijo; mešajte, dokler se ne združi.
- Zmešajte moko, pecilni prašek in sol; zložite orehe. Testo razporedite v pomaščen pekač 9"x9". Pečemo pri 350 stopinjah 25 minut ali dokler ni strjeno.
- Ohladite v pekaču na rešetki. Mocha glazuro namažite po ohlajenih piškotih; narežite na palice. Naredi eno desetico.

b) Blondinke s chia semeni iz orehovega masla

SESTAVINE
- 2 1/4 skodelice pekanov, praženih
- 1/2 skodelice chia semen
- 1/4 skodelice masla, stopljenega
- 1/4 skodelice eritritola v prahu
- žlica SF Torani soljeni

karamela
a) kapljice tekoče stevije
b) velika jajca
c) 1 čajna žlička pecilni prašek
d) 3 žlice. Težka smetana
e) 1 ščepec soli

NAVODILA
- Pečico segrejte na 350 F. Odmerite 2 1/4 skodelice pekanov
- Zmeljemo 1/2 skodelice celih chia semen v mlinčku za začimbe, dokler ne nastane obrok.
- Odstranite chia obrok in ga položite v skledo. Nato zmeljemo 1/4 skodelice eritritola v mlinčku za začimbe, dokler ne postane prah. Postavite v isto skledo kot chia obrok.
- Položite 2/3 praženih orehov orehov v kuhinjski robot.
- Obdelujte oreščke, po potrebi strgajte stran navzdol, dokler ne nastane gladko maslo iz oreščkov.
- Dodajte 3 velika jajca, 10 kapljic tekoče stevije, 3 žlice. SF Salted Caramel Torani sirup in ščepec soli v chia mešanico. To skupaj dobro premešajte.
- Masli dodajte orehovo maslo in ponovno premešajte.
- Z valjarjem razdrobite preostanek praženih pekanov v plastično vrečko na koščke.

- Dodajte zdrobljene orehe in 1/4 skodelice stopljenega masla v testo.
- Testo dobro premešamo in dodamo 3 žlice. Težka smetana in 1 žlička. pecilni prašek. Vse skupaj dobro premešamo.
- Testo odmerite v pladenj 9×9 in ga zgladite.
- Pečemo 20 minut ali do želene gostote.
- Pustite, da se ohladi približno 10 minut. Odrežite robove kolačka, da ustvarite enoten kvadrat. Temu jaz pravim "pekovska poslastica" – ja, uganili ste!
- Prigriznite te slabe fante, medtem ko jih pripravite za postrežbo vsem ostalim. Tako imenovani »najboljši del« brownieja so robovi in zato si zaslužite imeti vse.
- Postrezite in pojejte po srcu (ali raje makroh)!

c) Jabolčni piškoti

a) 1/2 c. maslo, zmehčano
b) 1 c. sladkor
c) 1 t. ekstrakt vanilije
d) 1 jajce, pretepeno
e) 1-1/2 c. večnamenska moka
f) 1/2 t. soda bikarbona

- Pečico segrejte na 350 stopinj F (175 stopinj C). Namastite pekač velikosti 9x9 palcev.
- V veliki skledi stepite skupaj stopljeno maslo, sladkor in jajce, dokler ne postane puhasto. Zložite jabolka in orehe. V ločeni skledi presejemo moko, sol, pecilni prašek, sodo bikarbono in cimet.
- Mešanico moke vmešajte v mokro zmes, dokler se le ne zmeša. Testo enakomerno porazdelite po pripravljenem pekaču.
- Pecite 35 minut v predhodno ogreti pečici ali dokler zobotrebec, ki ga zapičite v sredino, ne izstopi čist.

niji iz lubja poprove mete

z. pakiranje mešanica za fudge brownije

z. pakiranje koščki bele čokolade

margarina

1/2 c. sladkarije, zdrobljene

Pripravite in specite mešanico za brownije v skladu z navodili na embalaži v namaščenem pekaču velikosti 13"x9". Po pečenju popolnoma ohladimo v pekaču.

V ponvi na zelo nizkem ognju stopite čokoladne koščke in margarino ter nenehno mešajte z gumijasto lopatko.

Razporedite mešanico čez brownije; potresemo z zdrobljenimi bonboni.

3 Pustite stati približno 30 minut, preden ga razrežete na kvadratke. Naredi 2 ducata.

e) Keto ploščice iz arašidovega masla

SESTAVINE

Skorja
a) 1 skodelica mandljeve moke
b) 1/4 skodelice masla, stopljenega
c) 1/2 žličke cimet
d) 1 žlica Eritritol
e) Ščepec soli
   The Fudge
a) 1/4 skodelice težke smetane
b) 1/4 skodelice masla, stopljenega
c) 1/2 skodelice arašidovega masla
d) 1/4 skodelice eritritola
e) 1/2 žličke Izvleček vanilije
f) 1/8 žličke Ksantan gumi
   Prelivi
g) 1/3 skodelice Lily's Chocolate, sesekljane

NAVODILA

- Pečico segrejte na 400°F. Stopite 1/2 skodelice masla. Polovica bo za skorjo in polovica za fudge. Zmešajte mandljevo moko in polovico stopljenega masla.
- Dodajte eritritol in cimet ter premešajte. Če uporabljate nesoljeno maslo, dodajte ščepec soli, da poudarite več okusov.
- Zmešajte do enakomernosti in vtisnite na dno pekača, obloženega s peki papirjem. Pecite skorjo 10 minut ali dokler robovi niso zlato rjavi. Vzemite ven in pustite, da se ohladi.
- Za nadev zmešajte vse sestavine za fudge v majhnem mešalniku ali predelovalniku hrane in zmešajte. Uporabite lahko tudi električni ročni mešalnik in skledo.
- Prepričajte se, da strgate po straneh in dobite vse sestavine dobro združene.
- Ko je skorja ohlajena, jo nežno razporedite vse do sten pekača. Uporabite lopatico, da kar najbolje poravnate vrh.
- Tik pred hlajenjem ploščice prelijte z nekaj sesekljane čokolade. To je lahko v obliki čokoladnih koščkov brez sladkorja, temne čokolade brez sladkorja ali samo dobre stare temne čokolade. Uporabila sem Lily's Stevia Sweetened čokolado.
- Ohladite čez noč ali zamrznite, če želite kmalu.
- Ko se ohladijo, odstranite palice tako, da izvlečete pergamentni papir. Cu v 8-10 barov in postrezite! Te ploščice z arašidovim maslom bi morali uživati ohlajene! Če jih vzamete s seboj, jih nosite v izolirani torbi za kosilo, da ostanejo čvrsti.

f) Najljubši piškoti z bučkami

h) 1/4 c. maslo, stopljeno
i) 1 c. s Browniji z arašidovim maslom
j) 1 jajce, pretepeno
k) 1 t. ekstrakt vanilije
l) 1 c. večnamenska moka
m) 1 t. pecilni prašek
n) 1/2 t. soda bikarbona
o) 1 T. vode
p) 1/2 t. sol
q) 2-1/2 T. kakava za peko
r) 1/2 c. sesekljanih orehov
s) 3/4 c. bučke, narezane
t) 1/2 c. polsladki čokoladni čips

- V veliki skledi zmešajte vse sestavine razen čokoladnih koščkov.
- Testo razporedite v namaščen pekač 8 "x8"; testo potresemo s čokoladnimi koščki.
- Pečemo pri 350 stopinjah 35 minut. Pred rezanjem na ploščice ohladite. Naredi eno desetico.

g) Browniji s sladno čokolado

- 12 oz. pakiranje koščki mlečne čokolade
- 1/2 c. maslo, zmehčano
- 3/4 c. sladkor
- 1 t. ekstrakt vanilije
- 3 jajca, pretepena
- 1-3/4 c. večnamenska moka
- 1/2 c. sladno mleko v prahu
- 1/2 t. sol
- 1 c. kroglice sladnega mleka, grobo sesekljane

1. Čokoladne koščke in maslo stopite v ponvi na nizkem ognju in pogosto mešajte. Odstranite z ognja; pustimo, da se nekoliko ohladi.
2. V navedenem vrstnem redu zmešajte preostale sestavine, razen kroglic iz sladnega mleka.
3. Testo razporedite v pomaščen pekač 13"x9". Potresemo s sladnimi mlečnimi kroglicami; pečemo pri 350 stopinjah 30 do 35 minut. Kul. Narežemo na palice. Naredi 2 ducata.

h) Nemški čokoladni browniji

- 14 oz. pakiranje karamele, neovite
- 1/3 c. evaporirano mleko
- 18-1/4 oz. pakiranje Nemška mešanica za čokoladne torte
- 1 c. sesekljanih orehov
- 3/4 c. maslo, stopljeno
- 1 do 2 c. polsladki čokoladni čips
1. V dvojnem kotlu stopite karamele z izhlapenim mlekom. V skledi zmešajte suho mešanico za torte, orehe in maslo; mešajte, dokler se zmes ne združi. Polovico testa vtisnite v pomaščen in pomokan pekač 13"x9".
2. Pečemo pri 350 stopinjah 6 minut. Odstranite iz pečice; potresemo s čokoladnimi koščki in pokapljamo s karamelno mešanico. Z žlico prelijte preostalo testo.
3. Pečemo pri 350 stopinjah 15 do 18 minut dlje. Cool; narežemo na palice. Naredi 1-1/2 ducata.

16. Matcha zeleni čaj Fudge

Sestavine:

- Maslo iz praženih mandljev, 85 g
- Ovsena moka, 60 g
- Nesladkano vanilijevo mandljevo mleko, 1 skodelica
- Beljakovine v prahu, 168 g
- Temna čokolada, 4 oz. stopljeno
- Matcha zeleni čaj v prahu, 4 čajne žličke
- Izvleček stevije, 1 čajna žlička
- Limona, 10 kapljic

metoda:

1. V kozici stopite maslo in dodajte ovseno moko, čaj v prahu, beljakovine v prahu, limonine kapljice in stevio. Dobro premešamo.
2. Zdaj prilijte mleko in nenehno mešajte, dokler se dobro ne združi.
3. Mešanico prenesite v pekač za hlebce in ohladite, dokler se ne strdi.
4. Po vrhu pokapljamo s stopljeno čokolado in ponovno ohladimo, da se čokolada strdi.
5. Narežite na 5 ploščic in uživajte.

17. Medenjaki Browniji

- 1-1/2 c. večnamenska moka
- 1 c. sladkor
- 1/2 t. soda bikarbona
- 1/4 c. kakav za peko
- 1 t. mleti ingver
- 1 t. cimet
- 1/2 t. mletih nageljnovih žbic
- 1/4 c. maslo, stopljeno in rahlo ohlajeno
- 1/3 c. melasa
- 2 jajci, pretepeni
- Okras: sladkor v prahu

1. V veliki skledi zmešajte moko, sladkor, sodo bikarbono, kakav in začimbe. V ločeni skledi zmešajte maslo, melaso in jajca. Dodajte mešanico masla mešanici moke in mešajte, dokler se le ne združi.
2. Testo razporedite v pomaščen pekač 13"x9". Pecite pri 350 stopinjah 20 minut ali dokler zobotrebec ni čist, ko ga vstavite v sredino.
3. Ohladite v pekaču na rešetki. Potresemo s sladkorjem v prahu. Narežemo na kvadratke. Naredi 2 ducata.

18. Medeni čokoladni Brownies

Ingredients:

- 1 skodelica stopljenega masla ali olja
- ½ cup мelted unsweetened chocolate or cocoa v prahu
- 4 jajca
- 1 honey
- 2 teaspoons vanilla
- 2 skodelici nebeljene bele moke
- 2 teaspoons pekač powder
- ½ teaspoon morske salt
- 1 rozin s
- 1 kos sesekljanih orehov
  navodila:
- Pečico segrejte na 350 stopinj F.
- Stepite maslo, čokolado, sab or or sosoa in med do gladkega.
  Dodajte jajca in vanilijo; dobro premešaj.
- Dodajte suhe sestavine, mešajte, dokler se ne navlažijo.
  Dodajte rozine in orehe ter dobro premešajte.
- Testo vlijemo v pomaščen pekač velikosti 9x13 palcev.
  Pečemo 45 minut ali do konca.
- Cut into 24 e q ual pieces (arproximately 2 ‖ x 2 ‖), eac h se
  rving h as 2 t easpoo n s zadnjice e r = visok d ose , o r c ut int

o 48 p i eces (približno 2 ‖ x 1 ‖) = m e dium dose.

19. Mint browniji

Ingredients:

- 1 kos masla
- 6 unč nesladkane čokolade
- 2 sladkorja
- 1 čajna žlička pecilnega praška
- 1½ čajne žličke vanilije
- ½ čajne žličke soli
- 1½ kos moke r
- 1 skodelica orehov ali pecan orehov, fino mletih
- 1 1/2 unč vrečka Hershey's metin čokoladni chirs
- 4 jajca

navodila:

- Pečico segrejte.
- V srednjem ognju stopite maslo in nesladkano čokolado ob stalnem mešanju na majhnem ognju. Remove from heat and let sool.
- Namastite pekač velikosti 9 × 13 palcev in ga pustite na strani. V sooled chocolate zmes v ponvi vmešajte sladkor. Stepite jajca in jih počasi dodajte čokoladni mešanici. Vmešajte vanilijo.
- V skledi zmešajte moko, pecilno sodo in sol.
- Dodajte mešanico moke v mešanico čokolade, dokler se ne združi. Vmešajte oreščke in metin čokoladni čips. Testo stresite v ponev, ki ste jo pripravili.
- Pečemo 30 minut. Hlajenje na žičnem stojalu pred shranjevanjem.

20. Pecan Brownies

Sestavine:
a) 1 kos masla
b) 2/3 čokolade
c) 1 čajna žlička vanilijevega ekstrakta
d) Orange zest (optional)
e) 5 jajčnih beljakov
f) 4 jajca s
g) 3/4 skodelice sladkorja
h) 1/3 moke
i) 1 žlica sosoa powder
j) 1/2 skodelice zdrobljenih pekan orehov

navodila:
- Pečico segrejte na 220 stopinj F.
- Uporabite dvojni kotel tako, da postavite skledo na lonec z vodo na srednje visoki temperaturi.
- Dodajte uour chocolate, butter, vanilla ectract an orange zest to the empty skledo in premešajte to vključite.
- Skledo odstavite z ognja in odstavite. (Od tega trenutka ne boste več potrebovali toplote.)
- Beljake dajte v ločeno skledo.
- Z električnim mešalnikom ali metlico stepajte beljake, dokler ne nastane trd beljak; postaviti na stran.
- Dodajte jajčni uolks v drugo serijsko posodo in dodajte sladkor. Mešajte do incorporate.
- Dodajte svojo mešanico čokolade v mešanico jajc in rumenjaka in oboje počasi vmešajte z lopatko.
- Ko je insororated, presejte svojo moko, sosoa powder and ad your resan nuts.
- Sedaj v mešanico dodajte svoje puhaste beljake in vse skupaj zmešajte s pomočjo spatula. Pekač obložite z rarchment parer in vanj dodajte svojo končano mešanico.
- Sedaj pečemo 60 minut in vaši kolački bodo pripravljeni.

21. Mint brownji s toffee omako

SESTAVINE
Brownji
a) 1 skodelica (230 g) nesoljenega masla
b) 2 unči polsladke čokolade, grobo narezane
c) 1 in 1/2 skodelice (300 g) granuliranega sladkorja
d) 1/2 skodelice (100 g) pakiranega svetlo rjavega sladkorja
e) 2 veliki jajci, pri sobni temperaturi
f) 2 žlički čistega vanilijevega ekstrakta
g) 1/2 čajne žličke soli
h) 1/2 skodelice + 3 žlice (85 g) večnamenske moke (žlica in poravnana)
i) 1/4 skodelice (21 g) naravnega nesladkanega kakava v prahu
Metina glazura
- 1/2 skodelice (115 g) nesoljenega masla, zmehčanega na sobno temperaturo
- 2 skodelici (240 g) slaščičarskega sladkorja
- 2 žlici (30 ml) mleka
- 1 in 1/4 čajne žličke izvlečka poprove mete*
- neobvezno: 1 kapljica tekoče ali gel zelene jedilne barve
Čokoladna plast
- 1/2 skodelice (115 g) nesoljenega masla
- 1 zvrhana skodelica (približno 200 g) polsladkih čokoladnih koščkov

Slana toffee omaka

1. 7 žlic. maslo
2. 9 žlic. nesoljeno maslo
3. 1 skodelica težke smetane
4. 1 skodelica temno rjavega sladkorja, trdno pakiran
5. ½ žličke sol

Navodila

Za brownije:

1. Maslo in narezano čokolado stopite v srednji ponvi na srednjem ognju in med stalnim mešanjem približno 5 minut. Ali stopite v srednje veliki skledi, primerni za mikrovalovno pečico, v korakih po 20 sekund, po vsakem premešanju v mikrovalovni pečici. Odstranite z ognja, prelijte v veliko skledo za mešanje in pustite, da se nekoliko ohladi 10 minut.

2. Rešetko pečice nastavite na spodnji tretji položaj in pečico segrejte na 350 °F (177 °C). Dno in stranice pekača 9×13* obložite z aluminijasto folijo ali pergamentnim papirjem, tako da na vseh straneh pustite previs. Odložite.

3. V ohlajeno mešanico čokolade in masla penasto vmešajte granulirani in rjavi sladkor. Dodajte jajca, enega za drugim, po vsakem dodajanju stepajte do gladkega. Vmešajte vanilijo. Nežno vmešajte sol, moko in kakav v prahu. Testo vlijemo v pripravljen pekač in pečemo 35-36 minut oziroma dokler se browniji ne začnejo odmikati od robov pekača.

4. Ko je popolnoma ohlajen, dvignite folijo iz pekača s pomočjo previsa ob straneh. Vse skupaj položite na pekač, medtem ko pripravljate glazuro. Še ne režite na kvadratke.

Za plast metine glazure:

- V srednji skledi z ročnim ali stoječim mešalnikom, opremljenim z nastavkom za lopatice, stepajte maslo na srednji hitrosti, dokler ni gladko in kremasto, približno 2 minuti. Dodamo slaščičarski sladkor in mleko. Stepajte 2 minuti pri nizki hitrosti, nato povečajte hitrost na visoko in stepajte še 1 minuto. Dodajte izvleček poprove mete in barvilo za živila (če uporabljate) in stepajte pri visoki moči 1 polno minuto. Okusite in po želji dodajte še kapljico ali dve izvlečka poprove mete.

- Ohlajene brownije, ki ste jih položili na pekač, pomrznite in pekač postavite v hladilnik. To omogoča, da se glazura "ustavi" na vrhu kolačkov, kar olajša širjenje čokoladne plasti. Hraniti v hladilniku vsaj 1 uro in največ 4 ure.

Za čokoladno plast:

a) Maslo in čokoladne koščke stopite v srednji ponvi na srednjem ognju in med stalnim mešanjem približno 5 minut. Ali stopite v srednje veliki skledi, primerni za mikrovalovno pečico, v korakih po 20 sekund, po vsakem premešajte v mikrovalovni pečici. Ko se stopi in gladi, prelijemo čez plast mete.

b) Nežno porazdelite z nožem ali lopatico. Brownije, ki so še na pekaču, postavite v hladilnik in ohladite 1 uro (in do 4 ure ali celo čez noč), da se čokolada strdi.

c) Ko se ohladi, vzamemo iz hladilnika in narežemo na kvadrate. Za lepo rezanje naredite zelo hitre reze z zelo ostrim velikim nožem, ki ga med vsakim rezom obrišete s papirnato brisačo. Browniji so OK na sobni temperaturi nekaj ur. Tesno pokrijte in ostanke hranite v hladilniku do 5 dni.

Za toffee omako:

- V srednji ponvi na srednje nizkem ognju zmešajte maslo, nesoljeno maslo, smetano, temno rjavi sladkor in sol. Pustite vreti, pogosto mešajte.
- Kuhajte še 10 minut, dokler se omaka ne začne zmanjševati in gostiti. Odstranite z ognja. Pustite, da se omaka nekoliko ohladi, preden jo postrežete.

22. Brownies s čokolado in muškatnim oreščkom

Ingredients:

1. 1/4 funta masla
2. 1/4 okrogle temne sladice
3. 1 skodelica belega sladkorja
4. 4 navadna jajca
5. 1/2 navadne moke
6. muškatni orešček
7. cimet
8. 2 tablespoons of vanilla

Navodila

- Pečico segrejte na 350 stopinj F.
- Na majhnem ognju raztopite maslo, nato dodajte čokolado (v kobici je uickest) in jo stopite z že stopljenim maslom; redno mešajte, da postane shocolate maslo!
- Takoj, ko se čokolada povsem stopi, dodajte cimet, muškatni orešček in beli sladkor; premešamo in pustimo vreti nekaj minut.
- Dodajte jajca, enega za drugim, in jih stepite tako, da se vam rumenjak razbije. Nadaljujte z mešanjem mešanice na majhnem ognju, dokler ni popolnoma gladka.
- Dodajte moko in fino zmleto konopljo v mešanico. Če imate radi oreščke, lahko po želji dodate kos vašega najljubšega oreha. Dobro premešajte; če ga je težko premešati, dodajte majhno skodelico mleka.
- Svojo zmes vlijte v pomaščen pekač velikosti 9 x 13 palcev, če ga nimate, potem je v redu tudi manjši – pomeni le debelejši rjavi kolač in lahko malo dlje ostane v pečici.
- potrebno malo dlje .
- Ko je videti in se počuti kot ogromen piškotek, ga razrežite na približno 20 kosov . Seveda ni pomembno, koliko kvadratov.
- Doziranje: Počakajte eno uro in poglejte, kako se počutite. Potem jejte več, kot je potrebno! These rownies taste slast and is is upreti se eat the the, don don to eat eat and an whitey!

23. Peanut Butter Swirl Brownie
Ingredients:

- 2 tablespoons cannabutter, softened
- 2 tablespoons sladkorja
- 1 1/2 žlice rjavega sladkorja
- 1 tablespoon cocoa powder
- 1 rumenjak
- 3 žlice moke
- Rinch of salt
- Brizganje vanilije
- 1 tablespoon creamy arašidovo maslo
navodila:

1. Zmešajte maslo, sladkor, rjavi sladkor, vanilijo in jajčni rumenjak do gladkega.
2. Vmešajte sol in moko, dokler se dobro ne povežeta. Nazadnje vmešajte chocolate chips.
3. Nalijte v ramekin ali vrč, nato pa ga pomažite z maslom iz orehov.
4. Rahlo zavrtite z nožem za maslo.
5. 5,75 seconds v the microwave do ust done.

24. Pumpkin Brownies

Ingredients:
1. 2/3 sur rasked rjavega sugar
2. 1/2 konzervirane buče
3. 1 celo jajce
4. 2 beljaka
5. 1/4 sladkega masla
6. 1 skodelica all-urrose moke
7. 1 čajna posoda za peko
8. 1 čajna žlička nesladkanega kakava v prahu
9. 1/2 čajne žličke mletega cimeta
10. 1/2 čajne žličke mletega allspice
11. 1/4 teaspoon sal
12. 1/4 čajne kaše mletih orehov g
13. 1/3 miniaturne polsladke čokoladne kocke
navodila:

- Pečico segrejte na 350 stopinj F.
- V veliki posodi za mešanje zmešajte rjavi sladkor, bučko, cela jajca, beljake in olje.
- Stepajte z električnim mešalnikom na srednjem ognju, dokler se ne zmeša.
- Dodajte moko, prašek za peko, soso v prahu, cimet, piment, sol in muškatni orešček
- Beat on low speed do smooth. Vmešajte semisweet chocolate pieces.
- Pekač velikosti 11 × 7 palcev popršite z nonstick premazom.
- Pour batter into pan. Spread evenly.
- Pecite 15 do 20 minut ali dokler toothpick insertet near the center comes on clean.

LUBJE, PRESTICE IN NUGATINE

25. Lubje Bude poprove mete

Ingredients:

1. 12 unses bele čokolade
2. 6 ounces polsladkega shocolate
3. 4 tablespoons cocoнoe olje
4. ½ čajne žličke izvlečka poprove mete
5. 3 pločevinke za sladkarije (zdrobljene)
   Navodila

- Pekač velikosti 9 × 9 palcev obložite z nekaj pergamentnega papirja ali aluminijaste folije, pri čemer pazite, da folijo ovijete čez stranice pekača in sproti zgladite morebitne gube. To bo zagotovilo hitro čiščenje in bo tudi omogočilo, da se bo lubje poprove mete zlahka odstranilo iz posode, ko bo prišel čas, da ga razdelite na posamezne kose.
- Melt skupaj semisweet chocolate chips and the the chocolate chirss. Če želite to narediti, ustvarite dvojni kotliček z uporabo heat-safe sklede in sauseran, napolnjenega z vodo. Izberite skledo, ki se tesno prilega dnu ponve (ne uporabljajte sklede, ki negotovo stoji na ponvi). Prav tako se želite prepričati, da se dno posode ne dotika vode, sicer tvegate, da se čokolada zažge.
- Kot dodatek so v tem receptu za skorjo uporabljene 3 plasti čokolade (bela, polslada, bela). Feel free, da preklopite ur the q uantities of the chocolate and the layering (polsladko, belo, semisweet), če hočete!
- Prinesite vodo v the sauseran to simmer, an plase heat-safe skledo, v kateri je vaša bela čokolada chirs over the sauce pan.
- Melt the white chocolate čips dokler ni smoote
- Dodajte 4 tablespoons sannabis-infused sosonut ooel in ½ čajne žličke orrermint ekstrakta.
- Mešajte, dokler se obe olji popolnoma ne raztopita v beli čokoladi. Poleg zdravilnosti jedi bo sosovo olje ustvarilo tudi lep sijaj v lubju in omogočilo, da bo imela dober —snap‖ , ko se bo dvignila p i eces .

- Ko je stopljeni beli hosolate spet gladek, ga polovico vlijte v pripravljen pekač. Nagnite pn, potem ko vanjo vlijete polovico stopljene bele čokolade, da zagotovite enakomeren premaz/prvo plast.
- Posodo postavite v hladilnik in pustite, da se prva plast čokolade strdi približno 30 minut ali tako.
- Medtem ko se vaš prvi layer of bark nastavlja, ponovite above korake, da bi rrecond double kotel za vašo polsladko čokoladno sirs.
- Ko so vaši polsladki čokoladni čipsi popolnoma stopljeni, odstranite posodo iz dvojnega kotla.
- Iz hladilnika vzemite ponev, v kateri je prva posoda belega hocolate, in po prvi posodi prelijte celotno skledo stopljenega semisweet čokoladnega čipsa. Izjemno pomembno je, da je začetni sloj belega hocolate sompletely trdene, saj bo vnos drugega sloja povzročil mešanje, če to ni tako
- Razporedite the second layer semisweet chocolate čipsa evenly po ranu z uporabo spatula ali baker's nože.
- Postavite nazaj v hladilnik, medtem ko čakate, da se strdi druga čokolada, spet približno 30 minut ali tako.
- Ko je second plast of chocolate has sete, ad the tretja and i zadnja layer whe chocolate na top the semisweet plasti. To tretjo plast enakomerno razporedite z lopatico.
- Pločevinko za bonbone položite v vrečko Ziploc in jo s hrbtno stranjo zajemalke ali valjarja zdrobite na drobne koščke.
- Zdrobljene bonbone poškropite na tretjo in zadnjo plast bele čokolade, ki pokriva celotno površino, in nato postavite pekač nazaj v hladilnik, dokler se skorja popolnoma strdi (od 30 minut do 1 ure).
- Ko ste pripravljeni za jesti, odstranite skorjo iz hladilnika in povlecite aluminijasto folijo navzgor na straneh – skorja se mora dvigniti takoj iz pekača!
- Razlomite skorjo na posamezne kose in jih zapakirajte, da jih podarite kot darilo, ali pa jih takoj postrezite svojim gostom!

26. Čokoladna skorja s kandiranimi orehi

Sestavine:
a) 2 žlici. maslo
b) 1 skodelica polovic pekanov
c) 2 žlici. svetlo ali temno rjav sladkor, trdno pakiran
d) 2 skodelici temnih čokoladnih koščkov
e) 2 žlici. kristaliziran ingver

Navodila
a) V majhni kozici na majhnem ognju segrevajte maslo 2 do 3 minute ali dokler se popolnoma ne stopi. Dodajte polovice orehov orehov in mešajte 3 do 5 minut, dokler ne postane dišeče in oreščkovo. Mešajte svetlo rjavi sladkor, nenehno mešajte, približno 1 minuto ali dokler orehi niso enakomerno prekriti in začnejo karamelizirati. Odstranite z ognja.
b) Karamelizirane orehe razporedite po pergamentnem papirju in pustite, da se ohladijo. Orehe grobo nasekljajte in pustite na strani.
c) V parnem kotlu na srednjem ognju 5 do 7 minut mešajte koščke temne čokolade ali dokler se popolnoma ne stopijo.
d) Na pekač obložen s peki papirjem namažemo stopljeno čokolado.
e) Po vrhu enakomerno potresemo karamelizirane orehe in kristaliziran ingver. Pustite 1 do 2 uri ali dokler se čokolada ne strdi. Lubje narežite ali razrežite na 6 enakih kosov.
f) Shranjevanje: Hraniti pokrito v npredušni posodi v hladilniku do 6 tednov ali v zamrzovalniku do 6 mesecev.

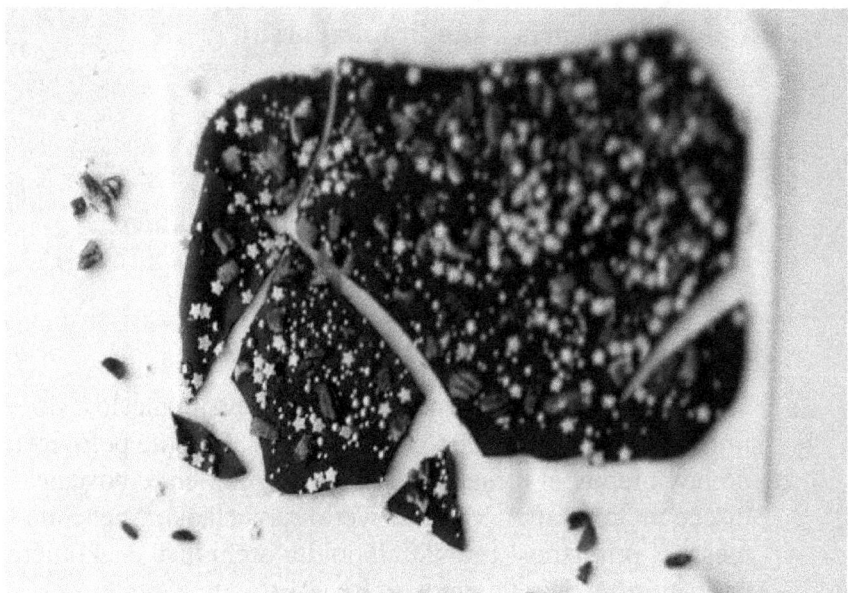

a) Blondinke s chia semeni iz orehovega masla

SESTAVINE

- 2 1/4 skodelice pekanov, praženih
- 1/2 skodelice chia semen
- 1/4 skodelice masla, stopljenega
- 1/4 skodelice eritritola v prahu
- 3 žlice. SF Torani slana karamela
- kapljice tekoče stevije
- 3 velika jajca
- 1 čajna žlička pecilni prašek
- 3 žlice. Težka smetana
- 1 ščepec soli

NAVODILA

a) Pečico segrejte na 350 F. Odmerite 2 1/4 skodelice pekanov in pecite približno 10 minut. Ko začutite aromo po oreščkih, odstranite oreščke

b) Zmeljemo 1/2 skodelice celih chia semen v mlinčku za začimbe, dokler ne nastane obrok.

c) Odstranite chia obrok in ga položite v skledo. Nato zmeljemo 1/4 skodelice eritritola v mlinčku za začimbe, dokler ne postane prah. Postavite v isto skledo kot chia obrok.

d) Položite 2/3 praženih orehov orehov v kuhinjski robot.

e) Obdelujte oreščke, po potrebi strgajte stran navzdol, dokler ne nastane gladko maslo iz oreščkov.

f) Dodajte 3 velika jajca, 10 kapljic tekoče stevije, 3 žlice. SF Salted Caramel Torani sirup in ščepec soli v chia mešanico. To skupaj dobro premešajte.

g) Masli dodajte orehovo maslo in ponovno premešajte.

h) Z valjarjem razdrobite preostanek praženih pekanov v plastično vrečko na koščke.

i) Dodajte zdrobljene orehe in 1/4 skodelice stopljenega masla v testo.
j) Testo dobro premešamo in dodamo 3 žlice. Težka smetana in 1 žlička. pecilni prašek. Vse skupaj dobro premešamo.
k) Testo odmerite v pladenj 9×9 in ga zgladite.
l) Pečemo 20 minut ali do želene gostote.
m) Pustite, da se ohladi približno 10 minut. Odrežite robove kolačka, da ustvarite enoten kvadrat. Temu jaz pravim "pekovska poslastica" – ja, uganili ste!
n) Prigriznite te slabe fante, medtem ko jih pripravite za postrežbo vsem ostalim. Tako imenovani »najboljši del« brownieja so robovi in zato si zaslužite imeti vse.
o) Postrezite in pojejte po srcu (ali raje makroh)!

28. Posušeni mango v čokoladi

Sestavine:
a) 1 skodelica temnih čokoladnih koščkov
b) 2 žlici. kokosovo olje
c) 12 velikih kosov nesladkanega posušenega manga
d) 6 žlic. nastrgan kokos (neobvezno)

Navodila
- Pekač obložite s pergamentnim papirjem in ga postavite na stran. V dvojnem kotlu na srednjem ognju zmešajte koščke temne čokolade in kokosovo olje.
- Mešajte 5 do 7 minut oziroma dokler se čokolada popolnoma ne stopi in dobro poveže s kokosovim oljem. Odstranite z ognja.
- Vsak košček manga z vilicami ali rokami pomočite v stopljeno čokolado in pustite, da morebitni odvečni odteče nazaj v skledo. Pomočene koščke manga položite na pripravljen pekač.
- Na namočene koščke manga potresemo nastrgan kokos (če ga uporabljamo). Hladite 30 minut ali dokler se čokolada ne strdi.
- Shranjevanje: Hraniti pokrito v nepredušni posodi v hladilniku do 6 tednov ali v zamrzovalniku do 6 mesecev.

29. Preste palčke z belo čokolado

Sestavine:
- ¼ skodelice karamele
- 1 skodelica bele čokolade se stopi
- 2 žlici. maslo
- 6 palčk za preste

Navodila

- Pekač obložite s pergamentnim papirjem in ga postavite na stran. Koščke karamele stresite na plitek krožnik blizu pekača.
- V dvojnem kotlu na srednjem ognju zmešajte topljeno belo čokolado in maslo, občasno mešajte, 5 do 7 minut, dokler se bela čokolada popolnoma ne stopi.
- ¾ vsake paličice preste potopite v stopljeno belo čokolado in pustite, da odvečna čokolada odteče nazaj v lonec.
- Vsako palico preste povaljajte v koščkih karamele in položite na pripravljen pekač. Pustite strjevati vsaj 30 minut.

- Shranjevanje: Hraniti v nepredušni posodi v hladilniku do 1 meseca.

30. Nougatine v čokoladi

Sestavine:
a) ¾ skodelice granuliranega sladkorja
b) ⅓ skodelice lahkega koruznega sirupa
c) ¼ skodelice sesekljanih pistacij
d) ¾ skodelice narezanih mandljev
e) 2 žlici. maslo
f) 1 skodelica temnih čokoladnih koščkov

Navodila

a) Pekač obložite s pergamentnim papirjem in ga postavite na stran. V srednji ponvi na srednjem ognju 5 do 7 minut mešajte sladkor in rahel koruzni sirup, dokler se mešanica ne stopi in začne karamelizirati.
b) Zmešajte pistacije, mandlje in maslo ter mešajte 2 do 3 minute, da se mandlji rahlo popečejo. (Ne zavrite.)
c) Nougatinovo mešanico prenesite na pripravljen pekač in na vrh položite dodaten list pergamentnega papirja. Z valjarjem enakomerno razmažite na debelino približno ½ palca (1,25 cm). Razrežemo na 12 kosov.
d) V dvojnem kotlu na srednjem ognju segrevajte koščke temne čokolade 5 do 7 minut ali dokler se ne stopijo.
e) Koščke nugatina potopite v stopljeno čokolado, tako da prekrijete le polovico nugatina, in jih vrnite na pekač, obložen s pergamentom. Pustite, da se čokolada strdi vsaj 1 uro.
f) Shranjevanje: Hraniti v npredušni posodi do 1 tedna.

DESERTI TARTUFI & KROGLICE

31. Peanut Butter Balls

Potrebni predmeti:

- Posoda za mešanje
- Double boiler
- Tray
- Vosek redkejši
- Toothpicks

Ingredients:

- 1 1/2 skodelice masla iz orehov
- 1 kur cannabutter (hardened)
- 4 cups confectioners' suga r
- 1 1/3 cups Graham cracker crumbs
- 2 skodelici semisweet chocolate chips
- 1 tablespoon krajšanje

Smeri:

a) Postavite arašidovo maslo in kanalovsko maslo v veliko posodo za mešanje. Počasi vmešaj sladkor v confectioners, da se prepričaš, da se me ne pomeša. Dodajte Graham cracker drobtine in mešajte, dokler sonsistency ne postane dovolj trd, da ga lahko razdelite v kroglice.

b) Naredite kroglice premera enega palca.

c) V kotlu z dvojnim dnom stopite čokolado in mast. V vsako kroglico zabodite zobotrebec in jih eno za drugo pomočite v čokoladno mešanico.

d) Place the chocolate wrapped balls on wax parer on a pladn. Postavite v zamrzovalnik za približno 30 minut, dokler se kroglice ne strdijo.

32. Ancho čili tartufi

Sestavine:
a) ⅔ skodelice težke smetane
b) 5 žlic. maslo
c) 3 žličke ancho čili v prahu
d) 2 žlički mleti cimet
e) Dash sol
f) ½ lb. (225 g) grenke sladke čokolade, sesekljane
g) 1 čajna žlička kakav v prahu

Navodila
1. Pekač velikosti 9×13 palcev (23×33 cm) obložite s pergamentnim papirjem in ga postavite na stran. V srednji ponvi na srednje nizkem ognju zmešajte smetano, 3 žlice masla, 2 žlički čilija v prahu, cimet in sol. Mešanico zavrite, pokrijte in odstranite z ognja. Pustimo stati 2 uri.
2. Vrnite ponev na srednje nizek ogenj. Ko zavre, odstavite z ognja in dodajte grenko čokolado ter preostali 2 žlici masla. Mešajte 2 do 3 minute ali dokler se čokolada ne stopi in zmes postane gladka. Vlijemo v pripravljen pekač in za 4 ure postavimo v hladilnik.
3. Z žlico in rokami oblikujte mešanico v 16 1-palčnih (2,5 cm) kroglic. Kroglice položite na čist, s peki papirjem obložen pekač in jih za 30 minut ohladite v hladilniku.
4. V majhni skledi zmešajte preostalo 1 čajno žličko ancho čilija v prahu in kakav v prahu. Kroglice povaljajte v prahu in položite nazaj na pergamentni papir.
5. Shranjevanje: uživajte še isti dan pri sobni temperaturi ali hranite v nepredušni posodi v hladilniku do 1 tedna.

33. Čokoladni tartufi

Čas priprave: 15-20 minut
Čas kuhanja: 0 minut
Obroki: 10-12

Sestavine:

- ½ skodelice zmehčanega masla
- ½ skodelice sladkorja v prahu
- ¼ skodelice nesladkanega kakava v prahu
- ½ skodelice mandljeve moke
- Velik ščepec soli
- Dash ekstrakt mandljev
- Dash ekstrakt vanilije
- 24 celih mandljev, opečenih na maslu in soli
- 1 skodelica nesladkanega naribanega kokosa

navodila:

- Pekač obložite s peki papirjem. V skledo damo vse pripravljene sestavine razen celih mandljev in kokosa in nežno mešamo, dokler zmes ni dokaj gladka.
- Žličke mešanice med dlanmi povaljajte v kroglice. (Delajte hitro, saj se maslo zelo hitro zmehča. Za nekaj minut postavite v hladilnik, če se zmes premehka.)
- Če uporabljate pražene mandlje, enega vtaknite v sredino vsakega in ponovno na hitro zvijte, da se stvari zgladijo.
- Kokos položite v skledo in kroglice povaljajte v kokosu, dokler niso prekrite. Položimo na pekač in ohladimo, da se strdi.

Munchies hranite v stekleni posodi v hladilniku.

34. Češnje oblite s čokolado

Čas priprave: 1 ½ ure.
Čas kuhanja: 5 minut
Obroki: 12

Sestavine:

- 24 češenj s peclji (odstranite pečke ali uporabite posušene)
- 1 skodelica koščkov mlečne čokolade
- 1 skodelica temnih čokoladnih koščkov
- ¼ skodelice kokosovega olja

navodila:

a) V posodi, primerni za mikrovalovno pečico, segrejte koščke temne čokolade, koščke mlečne čokolade in kokosovo olje.
b) Mešanico segrevajte v 20-sekundnih intervalih in mešajte, dokler se končno ne stopi.
c) Prepričajte se, da čokolada ni prevroča. Češnje prelijemo s čokolado, pustimo, da odvečna čokolada odteče. Češnje položite na papir, obložen z voskom.
d) Ko so vse češnje pečene, jih za 1 uro prestavimo v hladilnik

e) Češnje dvakrat premažite, če želite (ponovno prenesite v hladilnik) Uživajte!

35. neapeljska sladica

SESTAVINE
a) ½ skodelice zmehčanega masla
b) 1/2 skodelice kokosovega olja
c) 1/2 skodelice kisle smetane
d) 1/2 skodelice kremnega sira
e) 2 žlici. Eritritol
f) 25 kapljic tekoče stevije
g) 2 žlici. kakav v prahu
h) 1 čajna žlička Izvleček vanilije
i) 2 srednji jagodi

NAVODILA
9. V skledi zmešajte maslo, kokosovo olje, kislo smetano, kremni sir, eritritol in tekočo stevio.
10. S potopnim mešalnikom zmešajte sestavine v gladko zmes.
11. Mešanico razdelite v 3 različne sklede. V eno skledo dodajte kakav v prahu, v drugo jagode in v zadnjo skledo vanilijo.
12. Vse sestavine ponovno zmešajte s potopnim mešalnikom. Čokoladno mešanico ločite v posodo z nastavkom.
13. Čokoladno zmes vlijemo v model maščobne bombe. Postavite v zamrzovalnik za 30 minut, nato ponovite z mešanico vanilije.
14. Zamrznite mešanico vanilije za 30 minut, nato pa postopek ponovite z mešanico jagod. Ponovno zamrznite za najmanj 1 uro.
15. Ko so popolnoma zamrznjeni, jih odstranite iz modelov maščobnih bomb.

36. Sirne brokolijeve kroglice

SESTAVINE

Ocvrtki
- 250 g stopljenega masla
- 3/4 skodelice mandljeve moke
- 1/4 skodelice + 3 žlice. Obrok iz lanenega semena
- oz. Svež brokoli
- oz. Mocarela sir
- 2 veliki jajci
- 2 žlički pecilni prašek
- Sol in poper po okusu
NAVODILA
- Dodajte brokoli v kuhinjski robot in mešajte, dokler se brokoli ne razgradi na majhne koščke. Želite, da je dobro obdelan.
- Brokoliju zmešajte sir, mandljevo moko, maslo, laneno moko in pecilni prašek. Če želite dodati dodatne začimbe (sol in poper), to storite na tej točki.
- Dodajte 2 jajci in dobro premešajte, dokler se vse ne poveže.
- Testo razvaljamo v kroglice, ki jih nato obložimo z lanenim zdrobom.
- To nadaljujte z vsem testom in ga odložite na papirnate brisače.
- Segrejte cvrtnik na 375 F. Uporabljam ta cvrtnik. Ko ste pripravljeni, položite ocvrtke iz brokolija in sira v košaro, ne da bi jo prenatrpali.
- Cvrtke cvremo do zlato rjave barve, približno 3-5 minut. Ko je končano, položite na papirnate brisače, da odteče odvečna maščoba, in začinite po svojem okusu.
- Za pomak lahko pripravite ostro majonezo iz kopra in limone. Uživajte

37. Chosolate-potopljene češnje

Ingredients:
- 1 cup dark chocolate chips
- 1 kos mlečne čokolade
- ¼ skodelice kokosovega olja
- 24 cherries s peclji (opranih in posušenih; če uporabljate sveže cherries, ne pozabite odstraniti koščic!)

navodila:
- Heat milk chocolate chips, dark chocolate chips in koconuovo olje v skledi microwave safe. Odstranite in mešajte vsakih 20 sekund, dokler se ne stopi. Chocolate should be wara, not hot.
- Dip sušite sherries s stebli v chocolate, one naenkrat, da omogočite, da se presežek shocolate posuši nazaj v skledo.
- Postavite cherries on plate, obložen z voskom, da se posuši. Ponavljajte, dokler niso vse sherries are coated. Save extra chocolate on the side
- Češnje hladite v hladilniku 1 uro.
- Ponovno segrejte čokoladno sauce in odstranite češnje iz hladilnika.
- Vsako sherry še drugič potopite v hocolate omako. Vrnite češnje v hladilnik, da se ohladijo 1 uro, preden jih postrežete.

38. Metine polpete

Sestavine:

- ½ skodelice lahkega koruznega sirupa
- 2 čajni žlički izvlečka poprove mete
- ½ skodelice zmehčanega masla
- 2 kapljici barvila za hrano (neobvezno)
- 9 skodelic presejanega sladkorja v prahu (približno 2 funta)

navodila:

a) S posodo za mešanje zmešajte koruzni sirup, izvleček poprove mete in rahlo stopljeno pečeno maslo ali margarino. Nato po malem dodajte sladkor in ga vmešajte v mešanico. Dodajte količino barvila za hrano, da dosežete želeno barvo in dobro premešajte.

b) To mešanico razvaljajte v majhne kroglice. Položite jih nekaj centimetrov drug od drugega na pekač, ki ste ga obložili z voščenim papirjem. Vsakega z vilicami sploščite.

c) Metine polpete pustimo nekaj ur strjevati v hladilniku. Polpete vzamemo iz hladilnika in pustimo nekaj dni stati na sobni temperaturi, da se posušijo.

d) Po nekaj dneh, ko so polpeti posušeni, jih preložimo v posodo z nepredušnim pokrovom in shranimo v hladilniku.

39. Cosonut Marshmallow Balls

Ingredients:

- 2 unči masla
- 2 žlici kakava
- 3 tablespoons kondenzirano mleko
- 2 unse rjavega sladkorja
- 1/8 unce fino mletega hassh or ali visokokakovostne sannabis
- 6 unč posušenih orehov
- 5 unč majhnega belega sleza

navodila:

a) Ko stopite maslo v ponvi, zmešajte soso, mleko, sladkor in hašiš. Nadaljujte s segrevanjem in mešajte ossasion, dokler se vsebine ne stopijo skupaj. Bodite zelo previdni, da ga ne prekuhate.
b) Odstranite iz toplote in dodajte večino sosa, tako da prihranite ravno toliko za končno soating. Sedaj svojo zmes razdelite na 15 enako velikih kroglic in jih nato sploščite ravno toliko, da jih lahko zvijete okoli marshmallow.
c) Ko vzamete marshmallow, vsakega od njih povaljajte v preostalem kokosu, dokler ne nanesete obilne prevleke.
d) Priporočamo, da pojeste samo 1-2 na osebo, déspite njihove tastiness.

40. Goo kroglice iz arašidovega masla

Dobitek: 15 Goo žogic

Sestavine:

a) 250 g stopljenega masla
b) 225 g oats
c) 250 g arašidovega masla
d) 3 žlice medu
e) 2 žlici mletega cimeta n
f) 2 žlici kakavovega prahu

navodila:

a) Vse sestavine dajte v eno veliko skledo in mešajte, dokler se vse ne zmeša.
b) Mešanico dajte v zamrzovalnik in pustite 10-20 minut.
c) Zmes oblikujte v posamezne kroglice glede na velikost, ki jo želite. Po tem ga spustite na kakšen vosek, da se strdi.
d) Nekateri reorle raje dodajajo druge sestavine such as chopped walnuts, raisins, Rice Krispies ali Corn Flakes, samo za eksperimentiranje.
e) Dodate lahko več ovsa, če se vam zdi končni rezultat malo preveč lepljiv in gladek, ali dodajte več medu ali arašidovega masla, če se izkaže, da je preveč suho. Vse je v tem, da ste kreativni in da tej delikatesi dodate svoj pridih.
f) Ko je to opravljeno, ste zdaj pripravljeni postrežti to scrumptious jed, ki jo lahko jeste za sladico, prigrizek ali kadar koli v dnevu, ko se odločite za jed.
g) Uživajte!

41. Snežne kepe

Čas priprave: 1 ½ ure.
Čas kuhanja: 20-25 minut
Obroki: 12

Sestavine:

8. 1 skodelica masla, zmehčano
9. 1/4 skodelice sladkorja
10. 1 čajna žlička čisti ekstrakt vanilje
11. 2 skodelici večnamenske moke
12. 2 žlici. koruzni škrob
13. 1 skodelica nesoljenih praženih mandljev, drobno sesekljanih
14. 1/4 žličke sol
15. 1 skodelica sladkorja v prahu za premaz

navodila:

- S stojnim mešalnikom ali ročnim mešalnikom stepite maslo s 1/4 skodelice sladkorja, dokler ne postane kremasto. Dodajte vanilijev ekstrakt. Nežno stepajte moko, koruzni škrob, pražene mandlje in sol, dokler se dobro ne premešajo. Zavijte v plastično folijo in postavite v hladilnik za eno uro. Pečico segrejte na 325°. Ohlajeno testo vzemite iz hladilnika in dobite približno žlico. testa, nato pa ga oblikujte v 1-palčno kroglo.
- Kroglice razporedite po pekaču približno 1 cm narazen. Piškote pecite na srednji polici pečice 20 minut ali dokler ne porjavijo in strdijo. Napolnite plitvo skledo z 1 skodelico presejanega sladkorja v prahu. Ohladite približno 5 minut in ko so dovolj hladni na dotik, piškote povaljajte v sladkorju v prahu in odložite na rešetko, obloženo s pergamentom, da se popolnoma ohladijo. Ko se ohladi, ponovno poprašite s sladkorjem v prahu in shranite v nepredušni posodi.

DESERTNE MAŠČOBNE BOMBE

- **Neapeljske maščobne bombe**

SESTAVINE
- 1/2 skodelice masla
- 1/2 skodelice kokosovega olja
- 1/2 skodelice kisle smetane
- 1/2 skodelice kremnega sira
- 2 žlici. Eritritol
- 25 kapljic tekoče stevije
- 2 žlici. kakav v prahu
- 1 čajna žlička Izvleček vanilije
- 2 srednji jagodi

NAVODILA
- V skledi zmešajte maslo, kokosovo olje, kislo smetano, kremni sir, eritritol in tekočo stevio.
- S potopnim mešalnikom zmešajte sestavine v gladko zmes.
- Mešanico razdelite v 3 različne sklede. V eno skledo dodajte kakav v prahu, v drugo jagode in v zadnjo skledo vanilijo.
- Vse sestavine ponovno zmešajte s potopnim mešalnikom. Čokoladno mešanico ločite v posodo z nastavkom.
- Čokoladno zmes vlijemo v model maščobne bombe. Postavite v zamrzovalnik za 30 minut, nato ponovite z mešanico vanilije.
- Zamrznite mešanico vanilije za 30 minut, nato ponovite postopek z mešanico jagod. Ponovno zamrznite za najmanj 1 uro.
- Ko so popolnoma zamrznjeni, jih odstranite iz modelov maščobnih bomb.

- **Mast iz javorja in slanine**

SESTAVINE
1. 2 žlici kokosovega masla
2. Maple Bacon Cake Pops
3. 6 oz. Burgers' Smokehouse Country Bacon
4. 5 velikih jajc, ločenih
5. 1/4 skodelice javorjevega sirupa
6. 1/2 žličke Izvleček vanilije
7. 1/4 skodelice eritritola
8. 1/4 žličke Tekoča stevija
9. 1 skodelica mandljeve moke Honeyville
10. 2 žlici. Psyllium luščine v prahu
11. 1 čajna žlička pecilni prašek
12. 1/2 žličke Tatarska krema
13. Slana karamelna glazura 5 žlic. maslo
14. 5 žlic. Težka smetana
15. 2 1/2 žlici. Torani slana karamela brez sladkorja

NAVODILA
1. Rezina 6 oz. Burgers' Smokehouse Country Bacon na majhne koščke.
2. Pri tem postopku običajno pomaga zamrzovanje slanine za 30 minut ali uporaba škarij.
3. Ponev segrejte na srednje močan ogenj in pecite slanino, dokler ni hrustljava.
4. Ko je slanina hrustljava, jo odstranite iz ponve in pustite, da se posuši na papirnatih brisačah. Odvečno slanino maščobo prihranite, da v njej prepražite zelenjavo ali drugo meso.
5. Pečico segrejte na 325 F. V 2 ločenih skledah ločite rumenjake od beljakov 5 velikih jajc.
6. V skledo z rumenjaki dodajte 1/4 skodelice javorjevega sirupa, 1/4 skodelice eritritola, 1/4 žličke. tekoča stevia in 1/2 žličke. ekstrakt vanilije.

7. Z ročnim mešalnikom to skupaj mešamo približno 2 minuti. Rumenjaki morajo postati svetlejši.
8. Dodajte 1 skodelico mandljeve moke Honeyville, 2 žlici. Psyllium luščine v prahu, 2 žlici. kokosovega masla in 1 žličko. pecilni prašek.
9. Ponovno mešajte, dokler ne nastane gosta masa.
10. Metlice ročnega mešalnika umijte v umivalniku, da zagotovite, da se z metlic sperejo vse sledi maščobe.
11. Dodajte 1/2 žličke. vinskega kamna v beljake.
12. Beljake z ročnim mešalnikom stepemo v čvrst sneg.
13. Dodajte 2/3 hrustljave slanine v maso za tortni pop.
14. V testo dodamo približno 1/3 beljakov sneg in ga močno premešamo.

a) Kokosove pomarančne maščobne bombe

SESTAVINE

a) 1/2 skodelice kokosovega olja
b) 1/2 skodelice močne smetane za stepanje
c) 4 oz. Kremni sir
d) 1 čajna žlička Orange Vanilla Mio
e) kapljice tekoče stevije

NAVODILA

1. Odmerite kokosovo olje, smetano in kremni sir.
2. Za mešanje vseh sestavin uporabite potopni mešalnik. Če imate težave z mešanjem sestavin, jih lahko postavite v mikrovalovno pečico za 30 sekund do 1 minute, da se zmehčajo.
3. V zmes dodamo Orange Vanilla Mio in tekočo stevio ter zmešamo z žlico.
4. Mešanico razporedite v silikonski pladenj (moj je odličen Avenger's Ice Cube Tray) in zamrznite za 2-3 ure.
5. Ko se strdi, vzamemo iz silikonskega pladnja in shranimo v zamrzovalnik. Uživajte!

a) Jalapeno bombe

SESTAVINE
- 1 skodelica masla, zmehčano
- 3 oz. Kremni sir
- 3 rezine slanine
- 1 srednje velika paprika Jalapeno
- 1/2 žličke Posušen peteršilj
- 1/4 žličke Čebula v prahu
- 1/4 žličke Česen v prahu
- Sol in poper po okusu
  NAVODILA
- V ponvi popečemo 3 rezine slanine, da hrustljavo zapečejo.
- Slanino odstranite iz ponve, preostalo maščobo pa shranite za kasnejšo uporabo.
- Počakajte, da se slanina ohladi in postane hrustljava.
- Jalapeno papriki odstranite semena in jo nato narežite na majhne koščke.
- Zmešajte kremni sir, maslo, jalapeno in začimbe. Začinimo s soljo in poprom po okusu.
- Dodamo slanino in mešamo toliko časa, da nastane čvrsta zmes.
- Slanino nadrobite in položite na krožnik. Mešanico kremnega sira z roko razvaljajte v kroglice, nato pa kroglico povaljajte v slanino.

1. Pizza maščobne bombe

SESTAVINE

- 4 oz. Kremni sir
- rezine feferoni
- črne olive brez koščic
- 2 žlici. Pesto iz posušenih paradižnikov

NAVODILA

a) Feferoni in olive narežemo na majhne koščke.
b) Zmešajte baziliko, paradižnikov pesto in kremni sir.
c) V kremni sir dodajte olive in feferoni ter ponovno premešajte.
d) Oblikujte kroglice, nato jih okrasite s feferoni, baziliko in olivami.

2. Maščobne bombe iz arašidovega masla

SESTAVINE
- 1/2 SKODELICE kokosovega olja
- 1/4 skodelice kakava v prahu
- žlica PB Fit puder
- žlica Oluščena konopljina semena
- 2 žlici. Težka smetana
- 1 čajna žlička Izvleček vanilije
- 28 kapljic tekoče stevije
- 1/4 skodelice nesladkanega naribanega kokosa

NAVODILA
1. Vse suhe sestavine zmešajte s kokosovim oljem. Morda bo potrebno malo dela, vendar se bo sčasoma spremenilo v pasto.
2. Dodajte smetano, vanilijo in tekočo stevio. Ponovno mešajte, dokler ni vse skupaj in rahlo kremasto.
3. Na krožnik odmerite nesladkan nastrgan kokos.

4. Z roko razvaljajte kroglice in jih nato povaljajte v nesladkanem nastrganem kokosu. Položimo na pekač obložen s peki papirjem. Postavite v zamrzovalnik za približno 20 minut.

- **Ploščice maščobne bombe iz javorjevega oreha**

SESTAVINE

a) 2 skodelici polovice pekana
b) 1 skodelica mandljeve moke
c) 1/2 skodelice zlatega lanenega semena
d) 1/2 skodelice nesladkanega naribanega kokosa
e) 1/2 skodelice kokosovega olja
f) 1/4 skodelice "javorjevega sirupa"
g) 1/4 žličke Tekoča stevia (~25 kapljic)

NAVODILA

1. Odmerite 2 skodelici polovic pekanov in pecite 6-8 minut pri 350 F v pečici. Ravno toliko, da začnejo dišati.
2. Odstranite orehe iz pečice in jih dodajte v plastično vrečko. Z valjarjem jih zdrobimo na koščke. Konsistenca ni pomembna,
3. V skledi zmešajte suhe sestavine: 1 skodelico mandljeve moke, 1/2 skodelice moke zlatega lanenega semena in 1/2 skodelice nesladkanega nastrganega kokosa.
4. V skledo dodajte zdrobljene pekanove pekane in ponovno premešajte.
5. Na koncu dodajte 1/2 skodelice kokosovega olja, 1/4 skodelice »javorjevega sirupa« (recept tukaj) in 1/4 čajne žličke. Tekoča stevija. Vse skupaj dobro premešamo, dokler ne nastane krhko testo.
6. Testo vtisnite v pekač. Za to uporabljam pekač 11×7.
7. Pecite 20-25 minut pri 350F ali dokler robovi rahlo ne porjavijo.
8. Odstranite iz pečice; pustite, da se delno ohladi in ohladite vsaj 1 uro (za čisto rezanje).
9. Narežite na 12 rezin in odstranite z lopatko.

- **Slaninske bombe s sirom**

SESTAVINE
- 3 oz. Mocarela sir
- žlica Mandljeva moka
- žlica Maslo, stopljeno
- 3 žlice. Psyllium luščine v prahu
- 1 veliko jajce
- 1/4 žličke Sol
- 1/4 žličke Sveže mlet črni poper
- 1/8 žličke Česen v prahu
- 1/8 žličke Čebula v prahu
- rezine slanine
- 1 skodelica olja, masti ali loja (za cvrtje)

NAVODILA
1. Dodajte 4 oz. (polovica) sira Mozzarella v skledo.
2. Mikrovalovna pečica 4 žlice. maslo 15-20 sekund ali dokler se popolnoma ne stopi.
3. Sir kuhajte v mikrovalovni pečici 45-60 sekund, dokler se ne stopi in postane gnjecav (naj bo a
4. Mešanici dodamo 1 jajce in maslo ter dobro premešamo.
5. Dodajte 4 žlice. mandljeva moka, 3 žlice. Lupino psiliuma in preostale začimbe v mešanico (1/4 čajne žličke soli, 1/4 čajne žličke sveže mletega črnega popra, 1/8 čajne žličke česna v prahu in 1/8 čajne žličke čebule v prahu).
6. Vse skupaj premešamo in stresemo na pekač. Testo razvaljamo ali pa ga z rokami oblikujemo v pravokotnik.
7. Preostanek sira razporedimo po polovici testa in testo prepognemo po dolžini.
8. Testo ponovno prepognemo navpično, tako da oblikujemo kvadrat.

9. S prsti stisnite robove in stisnite testo v pravokotnik. Želite, da je nadev v notranjosti tesen.
10. Testo z nožem razrežemo na 20 kvadratov.
11. Vsako rezino slanine prerežite na pol, nato pa kvadrat položite na konec 1 kosa slanine.
12. Testo tesno zavijte v slanino, dokler se konci ne prekrivajo. Slanino lahko pred zvijanjem po potrebi »raztegnete«.
13. Z zobotrebcem pritrdite slanino, ko jo zvijete.
14. Naredite to za vsak kos testa, ki ga imate. Na koncu boste imeli 20 slaninskih bombic s sirom.
15. Segrejte olje, mast ali loj na 350-375F in nato ocvrite bombice s slanino s sirom po 3 ali 4 kose naenkrat.

- **Karamelna slanina Fat Pop**

SESTAVINE
- Maple Bacon Cake Pops
- 6 oz. Burgers' Smokehouse Country Bacon
- 5 velikih jajc, ločenih 1/4 skodelice javorjevega sirupa (recept tukaj)
- 1/2 žličke Ekstrakt vanilije 1/4 skodelice NOW Eritritol 1/4 žličke. Tekoča stevija
- 1 skodelica mandljeve moke Honeyville
- 2 žlici. Psyllium luščine v prahu
- 1 čajna žlička pecilni prašek
- 2 žlici. maslo
- 1/2 žličke Tatarska krema
- Slana karamelna glazura 5 žlic. maslo
- 5 žlic. Težka smetana
- 2 1/2 žlici. Torani slana karamela brez sladkorja

NAVODILA
a) Rezina 6 oz. Burgers' Smokehouse Country Bacon na majhne koščke.
b) Pri tem postopku običajno pomaga zamrzovanje slanine za 30 minut ali uporaba škarij.
c) Ponev segrejte na srednje močan ogenj in pecite slanino, dokler ni hrustljava.
d) Ko je slanina hrustljava, jo odstranite iz ponve in pustite, da se posuši na papirnatih brisačah. Odvečno slanino maščobo prihranite, da v njej prepražite zelenjavo ali drugo meso.
e) Pečico segrejte na 325 F. V 2 ločenih skledah ločite rumenjake od beljakov 5 velikih jajc.
f) V skledo z rumenjaki dodajte 1/4 skodelice javorjevega sirupa (recept tukaj), 1/4 skodelice eritritola, 1/4 žličke. tekoča stevia in 1/2 žličke. ekstrakt vanilije.

g) Z ročnim mešalnikom to skupaj mešamo približno 2 minuti. Rumenjaki morajo postati svetlejši.

h) Dodajte 1 skodelico mandljeve moke Honeyville, 2 žlici. Psyllium luščine v prahu, 2 žlici. maslo in 1 žličko. pecilni prašek.

i) Ponovno mešajte, dokler ne nastane gosta masa.

j) Metlice ročnega mešalnika umijte v umivalniku, da zagotovite, da se z metlic sperejo vse sledi maščobe.

k) Dodajte 1/2 žličke. vinski kamen v beljake.

l) Beljake z ročnim mešalnikom stepemo v čvrst sneg.

m) Dodajte 2/3 hrustljave slanine v maso za tortni pop.

n) V testo dodamo približno 1/3 beljakov sneg in ga močno premešamo.

o)

3. Slane karamelne indijske ploščice

Sestavine:
- 2 skodelici večnamenske moke
- ½ žličke pecilni prašek
- ½ žličke sol
- 12 žlic. maslo, pri sobni temperaturi
- 6 žlic. nesoljeno maslo, narezano na koščke
- 1 skodelica svetlo rjavega sladkorja, trdno pakiran
- 1 veliko jajce
- 3 žličke ekstrakt vanilije
- 1½ skodelice granuliranega sladkorja
- 1 skodelica težke smetane
- 2 skodelici nasoljenih, praženih indijskih oreščkov

p) Pečico segrejte na 340°F (171°C). Pekač velikosti 9×13 palcev (23×33 cm) obložite s pergamentnim papirjem in ga postavite na stran. V majhni skledi zmešajte večnamensko moko, pecilni prašek in ¼ čajne žličke soli. Odložite.

q) V srednji skledi z električnim mešalnikom pri srednji hitrosti 5 minut mešajte 6 žlic masla, nesoljeno maslo in svetlo rjavi sladkor, dokler ne postane rahlo in puhasto. Dodajte jajce in 1 čajno žličko vanilijevega ekstrakta ter stepajte 2 minuti pri nizki hitrosti, dokler se ne združi.

r) Dodamo mešanico moke in stepamo pri srednji hitrosti 2 do 3 minute. Pritisnite zmes za skorjo v pripravljen pekač. Ohladite 30 minut.

s) V srednji ponvi proti prijemanju na srednjem ognju segrejte granulirani sladkor. Ko vidite, da se sladkor začne barvati, mešajte, dokler ni svetlo rjav, približno 5 do 7 minut. Previdno dodajte smetano in mešajte, dokler ni gladka.

t) Znižajte ogenj na nizko in dodajte preostalih 6 žlic masla, preostali 2 žlički vanilijevega ekstrakta in preostalo ¼ čajne žličke soli. Mešajte dokler se maslo ne stopi in odstavite z ognja.

u) Indijske oreščke vmešamo v karamelno zmes. Mešanico karamela in indijskih oreščkov vlijemo v pekač na ohlajeno skorjo. Pecite 20 minut, dokler se ne strdi. Pred rezanjem pustite, da se dobro ohladi.

4. Pistacijeve karamele

Sestavine:
- ½ skodelice masla
- 2 skodelici temno rjavega sladkorja, trdno pakiran
- ½ skodelice temnega koruznega sirupa
- 2 skodelici težke smetane
- ¼ žličke sol
- 1 skodelica sesekljanih pistacij, praženih
- 2 žlički ekstrakt vanilije

Navodila
h) 8-palčni (20 cm) kvadratni pekač obložite z aluminijasto folijo, poškropite s pršilom za kuhanje proti prijemanju in postavite na stran.
i) V srednji ponvi na majhnem ognju stopite maslo. Dodajte temno rjavi sladkor, temni koruzni sirup, 1 skodelico težke smetane in sol. Pustite vreti, občasno premešajte, 12 do 15 minut ali dokler mešanica ne doseže 225 °F (110 °C) na termometru za sladkarije.
j) Počasi dodajte preostalo 1 skodelico težke smetane. Mešanico zavrite in kuhajte še 15 minut oziroma dokler ne doseže 250°F (120°C). Odstavite z ognja in dodajte pistacije in vanilijev ekstrakt. Vlijemo v pripravljen pekač.
k) Hladite vsaj 3 ure, preden ga odstranite iz folije in razrežete na 48 kosov.
l) Voščen papir narežite na 48 3-palčnih (7,5 cm) kvadratov. Vsako karamelo položite na sredino kvadrata iz voščenega papirja, papir zvijte okoli karamele in konca papirja zasukajte.

5. Ključni limetini kvadrati

Sestavine:
- 4 žlice. nesoljeno maslo, pri sobni temperaturi
- 4 žlice. maslo, pri sobni temperaturi
- ½ skodelice slaščičarskega sladkorja
- 2 skodelici plus 5 žlic. večnamenska moka
- 1 čajna žlička ekstrakt vanilije
- Ščepec soli
- 4 velika jajca, rahlo stepena
- 1¾ skodelice granuliranega sladkorja
- ¼ skodelice soka ključne limete
- 1 žlica. naribana limetina lupina

Navodila
15. Pečico segrejte na 340°F (171°C). Pekač velikosti 9 × 13 palcev (23 × 33 cm) rahlo premažite z razpršilom za kuhanje proti prijemanju in ga postavite na stran.
16. V veliki skledi stepajte nesoljeno maslo, maslo in slaščičarski sladkor z električnim mešalnikom pri srednji hitrosti 3 do 4 minute oziroma dokler ne postanejo rahli in puhasti.
17. Dodajte večnamensko moko, vanilijev ekstrakt in sol ter mešajte še 2 do 3 minute ali dokler se dobro ne premeša.
18. Testo pritisnite na dno pripravljene posode. Pečemo 20 do 23 minut, dokler ne postanejo svetlo zlato rjave barve. Pustite, da se skorja ohladi 10 minut.
19. V veliki skledi stepemo jajca in kristalni sladkor. Dodajte Key limetin sok in limetino lupinico ter dobro premešajte.
20. Zmes prelijemo čez ohlajeno skorjo in pečemo 23 do 25 minut ali dokler se ne strdi. Pred rezanjem na 12 kvadratov popolnoma ohladite.
21. Shranjevanje: Hranite tesno zavito v plastično folijo v hladilniku do 5 dni.

6. Grižljaji granole iz bele čokolade

Sestavine:
- 1½ skodelice granole
- 3 žlice. maslo, stopljeno
- 2 skodelici bele čokolade se stopi

Navodila
6. Pečico segrejte na 250°F (120°C). Na obrobljenem pekaču zmešamo granolo in 2 žlici masla. Pekač postavimo v pečico za 5 minut.
7. Odstranite pekač in mešajte, dokler se granola popolnoma ne zmeša z maslom. Pekač za 15 minut vrnemo v pečico in vsakih 5 minut premešamo. Odstranite iz pečice in pustite, da se granola popolnoma ohladi.
8. V parnem kotlu na srednjem ognju zmešajte stopljeno belo čokolado in preostalo 1 žlico masla. Mešajte 5 do 7 minut ali dokler se bela čokolada popolnoma ne stopi in dobro poveže z maslom. Odstranite z ognja.
9. Ohlajeno granolo vmešamo v mešanico bele čokolade. Z jedilnimi žlicami zvrhamo na pergamentni papir in pustimo, da se popolnoma ohladi, preden postrežemo.
10. Shranjevanje: Hraniti v npredušni posodi pri sobni temperaturi do 1 tedna.

7. Kandirane slanine karamele kvadrati

Sestavine:
- 8 rezin slanine
- ¼ skodelice svetlo rjavega sladkorja, trdno pakiran
- 8 žlic. maslo, zmehčano
- 2 žlici. nesoljeno maslo, zmehčano
- ⅓ skodelice temno rjavega sladkorja, trdno pakiran
- ⅓ skodelice slaščičarskega sladkorja
- 1½ skodelice večnamenske moke
- ½ žličke sol
- ½ skodelice karamele
- 1 skodelica temnih čokoladnih koščkov
- ⅓ skodelice sesekljanih mandljev

Navodila
6. Pečico segrejte na 350°F (180°C). V srednjo skledo stresite slanino in svetlo rjavi sladkor ter jih razporedite v eno plast na pekač.
7. Pečemo 20 do 25 minut oziroma dokler slanina ne postane zlata in hrustljava. Odstranite iz pečice in pustite, da se ohladi 15 do 20 minut. Sesekljajte na majhne koščke.
8. Zmanjšajte temperaturo pečice na 340 °F (171 °C). Pekač velikosti 9 × 13 palcev (23 × 33 cm) obložite z aluminijasto folijo, popršite s pršilom za kuhanje proti prijemanju in postavite na stran.
9. V veliki skledi z električnim mešalnikom pri srednji hitrosti zmešajte maslo, nesoljeno maslo, temno rjavi sladkor in slaščičarski sladkor, dokler ne postane rahlo in puhasto. Postopoma dodajajte večnamensko moko in sol ter mešajte, dokler se le ne združita. Vmešajte ¼ skodelice karamele, dokler niso enakomerno porazdeljeni.
10. Testo vtisnite v pripravljen pekač in pecite 25 minut oziroma do zlato rjave barve. Odstranite iz pečice, potresite s koščki temne čokolade in pustite 3 minute oziroma dokler se koščki ne zmehčajo.

11. Po vrhu enakomerno razporedite zmehčano čokolado in potresite z mandlji, kandirano slanino in preostalimi ¼ skodelice karamele. Pustite, da se ohladi 2 uri ali dokler se čokolada ne strdi. Razrežite na 16 2-palčnih (5 cm) kvadratov.
12. Shranjevanje: Hraniti v nepredušni posodi v hladilniku do 1 tedna.

8. Caramel Walnut Dream Bars

Sestavine:
- 1 škatla rumene mešanice za torte
- 3 žlice zmehčanega masla
- 1 jajce
- 14 unč sladkanega kondenziranega mleka
- 1 jajce
- 1 čajna žlička čistega vanilijevega ekstrakta
- 1/2 skodelice drobno mletih orehov
- 1/2 skodelice drobno mletih karamele

navodila:
h) Pečico segrejte na 350. Pripravite pravokoten pekač za torto s pršilom za kuhanje in ga postavite na stran.
i) Zmešajte mešanico za torto, maslo in eno jajce v skledi za mešanje, nato mešajte, dokler ne postanejo drobtine. Pritisnite mešanico na dno pripravljene posode in jo odstavite.
j) V drugi posodi za mešanje zmešajte mleko, preostalo jajce, ekstrakt, orehe in koščke karamele.
k) Dobro premešamo in prelijemo čez osnovo v pekaču. Pečemo 35 minut.

9. Kronične pecan ploščice

SESTAVINE
- 2 skodelici polovice pekana
- 1 skodelica kasave moke
- 1/2 skodelice zlatega lanenega semena
- 1/2 skodelice nesladkanega naribanega kokosa
- 1/2 skodelice Cana-kokosovega olja
- 1/4 skodelice medu
- 1/4 žličke Tekoča stevija

NAVODILA
16. Odmerite 2 skodelici polovic pekanov in pecite 6-8 minut pri 350 F v pečici. Ravno toliko, da začnejo dišati.
17. Odstranite orehe iz pečice in jih dodajte v plastično vrečko. Z valjarjem jih zdrobimo na koščke. Konsistenca ni pomembna,
18. V skledi zmešajte suhe sestavine: 1 skodelico kasave moke, 1/2 skodelice moke zlatega lanenega semena in 1/2 skodelice nesladkanega nastrganega kokosa.
19. V skledo dodajte zdrobljene pekanove pekane in ponovno premešajte.
20. Na koncu dodajte 1/2 skodelice kokosovega olja Cana, 1/4 skodelice medu in 1/4 čajne žličke. Tekoča stevija. To skupaj dobro premešamo, dokler ne nastane krhko testo.
21. Testo vtisnemo v enolončnico.
22. Pecite 20-25 minut pri 350F ali dokler robovi rahlo ne porjavijo.
23. Odstranite iz pečice; pustite, da se delno ohladi in ohladite vsaj 1 uro.
24. Narežite na 12 rezin in odstranite z lopatko.

16. Chia kvadratki iz mandljevega masla

SESTAVINE
- 1/2 skodelice surovih mandljev
- 1 žlica + 1 žlička. Kokosovo olje
- žlica ZDAJ Eritritol
- 2 žlici. maslo
- 1/4 skodelice težke smetane
- 1/4 žličke Tekoča stevija
- 1 1/2 čajne žličke Izvleček vanilije

NAVODILA

4 Dodajte 1/2 skodelice surovih mandljev v ponev in pražite približno 7 minut na srednje nizkem ognju. Ravno toliko, da začnete zavohati oreščke.

5 V kuhinjski robot dodamo orehe in jih zmeljemo.

6 Ko dosežejo mokasto konsistenco, dodajte 2 žlici. NOW Eritritol in 1 žlička. Kokosovo olje.

7 Nadaljujte z mletjem mandljev, dokler ne nastane mandljevo maslo, ki porjavi.

8 Ko maslo porjavi, dodajte 1/4 skodelice težke smetane, 2 žlici. NOW Eritritol, 1/4 žličke. tekoče stevije in 1 1/2 žličke. Ekstrakt vanilije k maslu. Ogenj zmanjšajte in dobro premešajte, ko smetana nabrekne.

9 Zmeljite 1/4 skodelice chia semen v mlinčku za začimbe, dokler ne nastane prah.

10 Začnite pražiti chia semena in 1/2 skodelice nesladkanih naribanih kokosovih kosmičev v ponvi na srednje nizki temperaturi. Želite, da kokos le rahlo porjavi.

11 Mešanici masla in smetane dodajte mandljevo maslo in dobro premešajte. Pustite, da se skuha v pasto.

12 V kvadratni pekač (ali katere koli velikosti želite) dodajte mešanico mandljevega masla, mešanico popečenega chia in kokosa ter 1/2 skodelice kokosove smetane. Kokosovo smetano lahko dodate v ponev, da se rahlo stopi, preden jo dodate.

13 Dodajte 1 žlico. Kokosovo olje in 2 žlici. Kokosovo moko in vse skupaj dobro premešamo.

14 Zmes s prsti dobro pregnetemo v pekač.

15 Zmes hladimo vsaj eno uro in jo nato vzamemo iz pekača. Zdaj mora imeti obliko.

16 Mešanico narežemo na kvadratke ali poljubne oblike in postavimo nazaj v hladilnik še za vsaj nekaj ur. Z odvečno mešanico lahko oblikujete več kvadratov, vendar sem jo namesto tega pojedla.

17 Vzemite ven in prigriznite, kot želite!

16. Nuggets s chia semeni

SESTAVINE
- 2 žlici kokosovega olja
- 1/2 skodelice chia semen, mletih
- 3 oz. Nariban sir Cheddar
- 1 1/4 skodelice ledene vode
- 2 žlici. Psyllium luščine v prahu
- 1/4 žličke Ksantan gumi
- 1/4 žličke Česen v prahu
- 1/4 žličke Čebula v prahu
- 1/4 žličke Origano
- 1/4 žličke paprika
- 1/4 žličke Sol
- 1/4 žličke poper

NAVODILA
5. Pečico segrejte na 375 F. Zmeljite 1/2 skodelice chia semen v mlinčku za začimbe. Želite obroku podobne teksture.
6. Dodajte mleta chia semena, 2 žlici. Psyllium luščine v prahu, 1/4 žličke. Ksantan gumi, 1/4 žličke. Česen v prahu, 1/4 žličke. Čebula v prahu, 1/4 žličke. Origano, 1/4 žličke. Paprika, 1/4 žličke. Sol in 1/4 žličke. Poper v skledo. To skupaj dobro premešajte.
7. Dodajte 2 žlici. Kokosovo olje k suhim sestavinam in zmešamo. Spremeniti se mora v konsistenco mokrega peska.
8. V skledo dodajte 1 1/4 skodelice ledeno mrzle vode. Zelo dobro premešajte. Morda boste morali porabiti več časa za mešanje, saj chia semena in psilium potrebujejo nekaj časa, da absorbirajo vodo. Nadaljujte z mešanjem, dokler ne nastane čvrsto testo.
9. Naribajte 3 oz. Cheddar Cheese in ga dodajte v skledo.

10. Z rokami zgnetite testo. Želite, da je razmeroma suho in ne lepljivo, ko končate.
11. Testo položite na pekač in pustite stati nekaj minut.
12. Testo razvaljamo ali razvaljamo na tanko, tako da pokrije celoten silpat. Če ga lahko dobite tanjšega, nadaljujte z zvijanjem in prihranite presežek za drugo kuhanje.
13. Pečemo 30-35 minut v pečici, dokler ni kuhano.
14. Vzamemo jih iz pečice in še vroče narežemo na posamezne krekerje.
15. Uporabite lahko top rob noža (ne zarežite v silikon) ali veliko lopatico.
16. Krekerje postavite nazaj v pečico za 5-7 minut, da se pečejo ali dokler vrhovi niso porjaveli in dobro hrustljavi. Odstranite iz pečice in postavite na rešetko, da se ohladi. Ko se ohladijo, postanejo bolj hrustljavi.
17. Postrezite s svojimi najljubšimi omakami. Uporabljam svoj praženi česen Chipotle Aioli.

18. Čokoladne beljakovinske ploščice z oreščki

Obroki: 12 ploščic Čas priprave: 1 ura

Sestavine:

- 100% čisto maslo iz orehov, 250 g
- Pražena pletena semena, 1 ½ čajne žličke
- Nemastni navadni jogurt, 110 g
- 100% sirotkine beljakovine v prahu, 100 g
- Cimet, 1 ½ čajne žličke
- Surovi kakavovi zrnci, 4 čajne žličke
- 85% temna čokolada, 100 g
- Ekstrakt čiste vanilije, 1 žlica
- 100% Grahove beljakovine v prahu, 30 g

metoda:

e) Dodajte vse sestavine razen čokolade v kuhinjski robot in mešajte, dokler ni gladka.

f) Iz mešanice naredite 12 ploščic in jih za 30 minut ohladite.

g) Ko so ploščice čvrste, stopite čokolado v mikrovalovni pečici in vsako ploščico pomočite vanjo ter dobro premažite.

h) Obložene ploščice razporedite po obloženem listu in ponovno postavite v hladilnik za 30 minut oziroma dokler se čokolada ne strdi.

i) Uživajte.

19. Nemške čokoladne beljakovinske ploščice

Obroki: 12 ploščic
Čas priprave: 2 uri 20 minut
Sestavine:
- Oves, 1 skodelica
- Nastrgan kokos, ½ skodelice + ¼ skodelice, razdeljeno
- Sojin protein v prahu, ½ skodelice
- Pecans, ½ skodelice + ¼ skodelice, sesekljane, razdeljene
- Voda, do ¼ skodelice
- Kakav v prahu, ¼ skodelice
- Ekstrakt vanilije, 1 čajna žlička
- Kakavovi zrni, 2 žlici
- Sol, ¼ čajne žličke
- Datlji Medjool, 1 skodelica, izkoščičeni in namočeni 30 minut

metoda:

i) Oves pretlačite do fine moke, nato dodajte kakav v prahu in beljakovine v prahu ter ponovno obdelajte.

j) Medtem odcedite datlje in jih dodajte v kuhinjski robot. Pulzirajte 30 sekund, nato dodajte ½ skodelice naribanega kokosa in ½ skodelice pekanovega oreha, ki jima sledita sol in vanilija.

k) Ponovno obdelamo in postopoma dodajamo vodo ter oblikujemo testo.

l) Testo dajte v veliko skledo in dodajte preostale pekan orehe in kokos, nato pa kakavove zrezke.

m) Testo položite na pergamentni papir in ga pokrijte z drugim pergamentom ter oblikujte debel kvadrat.

n) Postavite v hladilnik za 2 uri, nato odstranite pergamentni papir in narežite na 12 palic želene dolžine.

20. Proteinske ploščice Blueberry Bliss

Sestavine:
- 100 % čisti nekontaminirani valjani ovseni kosmiči, 1 + ½ skodelice
- Pepitas, 1/3 skodelice
- Celi mandlji, ¾ skodelice
- Nesladkana jabolčna omaka ¼ skodelice
- Posušene borovnice, ½ zvrhane skodelice
- Sončnična semena, ¼ skodelice
- Mandljevo maslo, 1 skodelica
- Javorjev sirup, 1/3 skodelice
- Orehi, 1/3 skodelice
- Pistacije, ½ skodelice
- Mleta lanena semena, 1/3 skodelice

metoda:
p) Pekač obložite z voščenim papirjem in ga pustite ob strani.
q) V veliki skledi zmešajte oves, mandlje, sončnična semena, posušene jagode, orehe, pistacije, lanena semena in pepita.
r) Po vrhu pokapljajte jabolčno omako in javorjev sirup ter dobro premešajte.
s) Zdaj dodajte maslo in dobro premešajte.
t) Testo prenesite v pekač in ga poravnajte od zgoraj.
u) Zamrznite za eno uro. Ko je mešanica popolnoma strjena, jo zvrnemo na pult.
v) Narežite želeno gostoto in dolžino na 16 rezin.

21. Beljakovinske ploščice s čokoladnim koščkom arašidovega masla

Sestavine:
- Kokosova moka, ¼ skodelice
- Vanilijeva krema stevia, 1 čajna žlička
- Arašidova moka, 6 žlic
- Ekstrakt vanilije, 1 čajna žlička
- Sol, ¼ čajne žličke
- Miniaturni čokoladni čips, 1 žlica
- Kokosovo olje, 1 čajna žlička, stopljeno in rahlo ohlajeno
- Izolat sojinih beljakovin, 6 žlic
- Nesladkano mleko iz indijskih oreščkov, ½ skodelice + 2 žlici

metoda:
h) Pekač za hlebce obložite z voščenim papirjem. Drži na stran.
i) Zmešajte obe moki s sojinimi beljakovinami in soljo.
j) V drugi skledi zmešajte kokosovo mleko s stevio, mlekom iz indijskih oreščkov in vanilijo. To mešanico postopoma vlijte v mešanico moke in dobro premešajte, da se združi.
k) Zdaj dodajte ½ koščkov čokolade in jih nežno vmešajte v mešanico.
l) Mešanico prenesite v pripravljen pekač in jo enakomerno razporedite z lopatko.
m) Potresemo s preostalimi koščki čokolade in zamrznemo za 3 ure.
n) Narežite na želeno debelino in dolžino.

22. Proteinske ploščice iz surovih bučnih konopljinih semen

Sestavine:
- Medjool datlji, ½ skodelice, brez koščic
- Ekstrakt vanilije, ½ čajne žličke
- Bučna semena, ¼ skodelice
- Sol, ¼ čajne žličke
- Cimet, ½ čajne žličke
- Maslo iz konopljinih semen, ½ skodelice
- Muškatni oršček, ¼ čajne žličke
- Voda, ¼ skodelice
- Surovi oves, 2 skodelici
- Chia semena, 2 žlici

metoda:
g) Pekač obložite s pergamentnim papirjem in pustite na stran. Datlje namočite za 30 minut, nato pa zmešajte, dokler ni gladka.
h) Mešanico prestavimo v skledo in ji dodamo konopljino maslo ter dobro premešamo.
i) Sedaj dodajte preostale sestavine in nežno premešajte, da se dobro povežejo.
j) Prenesite v pekač in poravnajte z lopatko.
k) Postavite v hladilnik za 2 uri in nato narežite na 16 rezin.

23. Ginger Vanilla Protein CrunchBars

Sestavine:

- Maslo, 2 žlici
- Oves, 1 skodelica
- Surovi mandlji, ½ skodelice, sesekljani
- Kokosovo mleko, ¼ skodelice
- Nariban kokos, ¼ skodelice
- Beljakovine v prahu (vanilija), 2 merici
- Javorjev sirup, ¼ skodelice
- Kristaliziran ingver, ½ skodelice, sesekljan
- Koruzni kosmiči, 1 skodelica, zdrobljena v velike drobtine, sončnična semena, ¼ skodelice

metoda:

b) V ponvi stopite maslo in dodajte javorjev sirup. Dobro premešamo.

c) Dodajte mleko, nato beljakovine v prahu in dobro premešajte, da se združi. Ko zmes postane gladka, ugasnite ogenj.

d) V veliko skledo dodajte sončnična semena, mandlje, oves, koruzne kosmiče in ¾ koščkov ingverja.

e) Zmes vlijemo k suhim sestavinam in dobro premešamo.

f) Prenesite v pekač za hlebce, pripravljen s papirjem za vosek, in razporedite v enakomerno plast.

g) Na vrh potresemo preostali ingver in kokos. Pečemo 20 minut pri 325 F. Pustimo, da se ohladi, preden ga narežemo.

24. Preste ploščice z arašidovim maslom

Sestavine:
- Sojin čips, 5 skodelic
- Voda, ½ skodelice
- Mini zvitki preste, 6, grobo narezani
- Arašidovo maslo v prahu, 6 žlic
- Arašidi, 2 žlici, grobo sesekljani
- Sojin protein v prahu, 6 žlic
- Čips iz arašidovega masla, 2 žlici, prerezan na pol Agava, 6 žlic

metoda:
g) Pekač popršite s pršilom za kuhanje in ga pustite ob strani.
h) Sojin čips obdelajte v kuhinjskem robotu in dodajte v skledo.
i) Dodamo beljakovinski prah in premešamo.
j) Segrejte ponev in dodajte vodo, agavo in maslo v prahu. Med kuhanjem na srednji temperaturi 5 minut mešamo. Pustite, da mešanica vre nekaj sekund, nato pa sojino mešanico med stalnim mešanjem.
k) Mešanico prenesite v pripravljen pekač in na vrh posujte preste, arašide in čips iz arašidovega masla.
l) Ohladite, dokler se ne strdi. Narežite na ploščice in uživajte.

Melissa's Southern Style Kitchen

25. Proteinske ploščice brusnice in mandljev

. **Sestavine:**

- Praženi mandlji z morsko soljo, 2 skodelici
- Nesladkani kokosovi kosmiči, ½ skodelice
- Napihnjeni riževi kosmiči, 2/3 skodelice
- Ekstrakt vanilije, 1 čajna žlička
- Posušene brusnice, 2/3 skodelice
- Konopljina semena, 1 zvrhana jedilna žlica
- Rjavi rižev sirup, 1/3 skodelice medu, 2 žlici

metoda:

b) Kombinirajte mandlje z brusnicami, konopljinimi semeni, riževimi kosmiči in kokosom. Drži na stran.

c) V ponev dodajte med, nato vanilijev in rižev sirup. Premešamo in pustimo vreti 5 minut.

d) Omako prelijemo čez suhe sestavine in na hitro premešamo, da se povežejo.

e) Zmes preložimo na pripravljen pekač in razporedimo v enakomerni plasti.

f) Hladimo 30 minut.

g) Ko so strjeni, jih narežite na ploščice želene velikosti in uživajte.

26. Trojne čokoladne beljakovinske ploščice

Sestavine:

- Ovsena moka, 1 skodelica
- Soda bikarbona, ½ čajne žličke
- Mandljevo mleko, ¼ skodelice
- Čokoladne sirotkine beljakovine v prahu, 1 merica
- Mešanica za peko stevije, ¼ skodelice
- Mandljeva moka, ¼ skodelice
- Koščki temne čokolade, 3 žlice
- Sol, ¼ čajne žličke
- Orehi, 3 žlice, sesekljani
- Nesladkan temni kakav v prahu, 3 žlice
- Nesladkana jabolčna omaka, 1/3 skodelice
- jajce, 1
- Navadni grški jogurt, ¼ skodelice
- Tekoči sneg beljakov, 2 žlici
- Vanilijeve sirotkine beljakovine v prahu, 1 merica

metoda:

f) Pečico segrejte na 350 F.
g) Pekač namastite s pršilom za kuhanje in pustite na strani.
h) V veliki skledi zmešajte obe moki s soljo, sodo bikarbono, obema beljakovinskima praškom in temnim kakavom v prahu. Drži na stran.
i) V drugi skledi stepite jajca s stevijo in stepajte, dokler se dobro ne združijo, nato dodajte preostale mokre sestavine in ponovno stepite.
j) Postopoma vmešajte mokro zmes v suho zmes in dobro premešajte, da se poveže.
k) Dodamo orehe in koščke čokolade, jih nežno premešamo.
l) Zmes prenesite v pripravljen pekač in pecite 25 minut.
m) Pustite, da se ohladi, preden ga odstranite iz pekača in narežete

27. Maline-čokoladne ploščice

Sestavine:
- Arašidovo ali mandljevo maslo, ½ skodelice
- Laneno seme, ¼ skodelice
- Modra agava, 1/3 skodelice
- Čokoladni beljakovinski prah, ¼ skodelice
- Maline, ½ skodelice
- Instant valjani ovseni kosmiči, 1 skodelica

metoda:
d) Arašidovo maslo zmešamo z agavo in kuhamo na majhnem ognju ob stalnem mešanju.
e) Ko zmes postane gladka, jo dodajte ovsu, lanenemu semenu in beljakovinam. Dobro premešamo.
f) Dodamo maline in nežno prepognemo.
g) Testo prenesite v pripravljen pekač in zamrznite za eno uro.
h) Čvrsto narežite na 8 rezin in uživajte.

28. Ploščice iz testa za piškote iz arašidovega masla

Sestavine:

- Ovseni kosmiči, ¼ skodelice
- Arašidovo maslo, 3 žlice
- Beljakovine v prahu, ½ skodelice
- Sol, ščepec
- Veliki dateljni Medjool, 10
- Surovi indijski oreščki, 1 skodelica
- Javorjev sirup, 2 žlici celih arašidov, za okras

metoda:

u) Oves zmešajte v kuhinjskem robotu v fino moko.

v) Zdaj dodajte vse sestavine, razen celih arašidov, in obdelajte do gladkega.

w) Okusite in prilagodite, če želite.

x) Mešanico prenesite v pekač za hlebce in nanjo posujte cele arašide.

y) Hladimo 3 ure. Ko je zmes čvrsta, jo položite na kuhinjski pult in narežite na 8 rezin želene dolžine.

29. Muesli beljakovinske ploščice

Sestavine:

- Nesladkano mandljevo mleko, ½ skodelice
- Med, 3 žlice
- Kvinoja, ¼ skodelice, kuhana
- Chia semena, 1 čajna žlička
- Moka, 1 žlica
- Čokoladni beljakovinski prah, 2 merici
- Čokoladni čips, ¼ skodelice
- Cimet, ½ čajne žličke
- Zrela banana, ½, pretlačena
- Mandlji, ¼ skodelice, narezani
- Müsli, 1 ½ skodelice, vaše najljubše znamke

metoda:

j) Pečico segrejte na 350 F.

k) V srednji skledi zmešajte mandljevo mleko z bananino kašo, chia semeni in medom ter odstavite.

l) V drugi posodi zmešajte preostale sestavine in dobro premešajte.

m) Suhe sestavine prelijemo z mešanico mandljevega mleka in vse dobro premešamo.

n) Testo prestavimo v pekač in pečemo 20-25 minut.

o) Pustite, da se ohladi, preden ga odstranite iz pekača in narežete.

30. Proteinske ploščice s korenčkovo torto

Sestavine:
Za bare:
- Ovsena moka, 2 skodelici
- Mleko brez mleka, 1 žlica
- Mešanica začimb, 1 žlička
- Vanilijev beljakovinski prah, ½ skodelice
- Korenje, ½ skodelice, pire
- Cimet, 1 žlica
- Kokosova moka, ½ skodelice, presejana
- Rjavi rižev sirup, ½ skodelice
- Granulirano sladilo po izbiri, 2 žlici
- Mandljevo maslo, ¼ skodelice

Za glazuro:
- Vanilijev beljakovinski prah, 1 merica
- Kokosovo mleko, 2-3 žlice
- Kremni sir, ¼ skodelice

metoda:
f) Za pripravo beljakovinskih ploščic zmešajte moko z mešanimi začimbami, beljakovinami v prahu, cimetom in sladilom.
g) V drugi pa zmešajte maslo s tekočim sladilom in ga za nekaj sekund segrejte v mikrovalovni pečici, dokler se ne stopi.
h) To mešanico prenesite v skledo z moko in dobro premešajte.
i) Zdaj dodajte korenje in nežno premešajte.
j) Sedaj postopoma dodajte mleko in nenehno mešajte, dokler ne dosežete želene konsistence.
k) Prenesite v pripravljeno posodo in ohladite 30 minut.
l) Medtem pripravite glazuro in zmešajte beljakovinski prah s kremnim sirom.
m) Postopoma prilivamo mleko in dobro premešamo, da dobimo želeno teksturo.

n) Ko je zmes strjena, jo narežite na ploščice želene dolžine in vsako ploščico spenite z glazuro.

31. Ploščice pomaranč in goji jagod

Sestavine:

- Vanilijev sirotkin protein v prahu, ½ skodelice
- Pomarančna lupina, 1 žlica, naribana
- Mleti mandlji, ¾ skodelice
- 85% temna čokolada, 40 g, stopljena
- Kokosovo mleko, ¼ skodelice
- Kokosova moka, ¼ skodelice
- Čili v prahu, 1 čajna žlička
- Vanilijeva esenca, 1 žlica
- Goji jagode, ¾ skodelice

metoda:

g) V skledi zmešajte beljakovine v prahu s kokosovo moko.
h) Mešanici moke dodajte preostale sestavine.
i) Premešajte mleko in dobro premešajte.
j) Iz testa oblikujte palice in jih razporedite po plošči.
k) Stopite čokolado in jo nekaj minut ohladite, nato pa vsako tablico pomočite v stopljeno čokolado in razporedite po pekaču.
l) Hladimo, dokler se čokolada popolnoma ne strdi.
m) Uživajte.

32. Proteinska ploščica Strawberry Ripe

Sestavine:

- Liofilizirane jagode, 60 g
- Vanilija, ½ čajne žličke
- Nesladkan nastrgan kokos, 60 g
- Nesladkano mandljevo mleko, 60 ml
- Sirotkine beljakovine v prahu brez okusa, 60 g Temna čokolada, 80 g

metoda:

j) Posušene jagode pretlačite, dokler jih ne zmeljete, nato dodajte sirotko, vanilijo in kokos. Postopek ponovno izvajajte, dokler ne nastane fino zmleta zmes.

k) V mešanico vmešajte mleko in obdelujte, dokler se vse dobro ne premeša.

l) Pekač za hlebce obložite z voščenim papirjem in vanj prenesite zmes.

m) Za enakomerno porazdelitev zmesi uporabite lopatico.

n) Hladite, dokler se mešanica ne strdi.

o) Temno čokolado segrejte v mikrovalovni pečici 30 sekund. Dobro premešajte, dokler ni gladka in popolnoma stopljena.

p) Pustite, da se čokolada nekoliko ohladi, medtem pa jagodno mešanico narežite na osem ploščic želene debeline.

q) Vsako ploščico eno za drugo pomočimo v čokolado in dobro premažemo.

r) Obložene palice razporedite po linijskem pekaču. Ko so vse ploščice prevlečene, jih ohladite, dokler se čokolada ne strdi in utrdi.

33. Proteinske ploščice Mocha

Sestavine:

- Mandljeva moka, 30 g
- Kokosova moka, 30 g
- Espresso, 60 g, sveže skuhan in ohlajen
- Izolat sirotkinih beljakovin brez okusa, 60 g
- kokosov sladkor, 20 g
- Nesladkan kakav v prahu, 14 g
- Temna čokolada s 70%-85% kakava, 48 g

metoda:

d) Zmešajte vse suhe sestavine.
e) Ekspresno premešajte in dobro premešajte, da se poveže, da ne ostanejo grudice.
f) Na tej točki se bo zmes spremenila v gladko kroglo.
g) Razdelite ga na šest enako velikih kosov in vsak kos oblikujte v palico. Palice razporedite na rjuho in jo pokrijte s plastiko. Hladimo eno uro.
h) Ko so ploščice strjene, temno čokolado segrejte v mikrovalovni pečici in mešajte, dokler se ne stopi.
i) Vsako ploščico premažemo s stopljeno čokolado in razporedimo po z voskom obloženem pekaču.
j) Preostalo čokolado potresemo po vrhu v vrtinčnem vzorcu in ponovno ohladimo, dokler se čokolada ne strdi.

34. Beljakovinske ploščice Banana Čokolada

Sestavine:

- Liofilizirana banana, 40g
- Mandljevo mleko, 30 ml
- Izolat beljakovin v prahu z okusom banane, 70 g
- 100% arašidovo maslo, 25 g
- Kosmiči brez glutena, 30 g
- 100% čokolada, 40 g
- Sladilo, po okusu

metoda:

f) Zmleta banana v kuhinjskem robotu. Zdaj dodajte beljakovine v prahu in oves, ponovno obdelajte, dokler niso fino zmleti.

g) Preostale sestavine razen čokolade zmešajte in ponovno obdelajte, dokler ni gladka.

h) Mešanico prenesite v obložen pekač za hlebce in pokrijte s plastiko. Ohladite, dokler se ne strdi.

i) Ko so palice strjene, razrežemo na štiri palice.

j) Zdaj stopite čokolado v mikrovalovni pečici in pustite, da se nekoliko ohladi, preden vanjo pomočite vsako bananino ploščico. Ploščice dobro premažemo in ponovno postavimo v hladilnik, da se čokolada strdi.

35. Nebeške surove ploščice

Sestavine:

- Kokosovo mleko, 2 žlici
- Nesladkan kakav v prahu, po potrebi
- Beljakovine v prahu, 1 ½ merice
- Laneno seme, 1 žlica

metoda:

a) Združite vse sestavine skupaj.
b) Pekač namastimo s pršilom za kuhanje in vanj preložimo testo.
c) Zmes pustimo stati pri sobni temperaturi, dokler ni čvrsta.

36. Monster Bars

- 1/2 c. maslo, zmehčano
- 1 c. rjavi sladkor, pakiran
- 1 c. sladkor
- 1-1/2 c. kremasto arašidovo maslo
- 3 jajca, pretepena
- 2 t. ekstrakt vanilije
- 2 t. soda bikarbona
- 4-1/2 c. oves, ki se hitro kuha, nekuhan
- 1 c. polsladki čokoladni čips
- 1 c. bomboni oblite čokolade

g) V veliki skledi zmešajte vse sestavine po navedenem vrstnem redu. Testo razporedite v pomaščen pekač velikosti 15"x10".

h) Pečemo pri 350 stopinjah 15 minut ali dokler niso rahlo zlate.

i) Ohladimo in narežemo na ploščice. Naredi približno 1-1/2 ducata.

37. Borovničeve ploščice Crumble

- 1-1/2 c. sladkor, razdeljen
- 3 c. večnamenska moka
- 1 t. pecilni prašek
- 1/4 t. sol
- 1/8 t. cimet
- 1 c. krajšanje
- 1 jajce, pretepeno
- 1 T. koruznega škroba
- 4 c. borovnice

a) Zmešajte skodelico sladkorja, moko, pecilni prašek, sol in cimet.
b) Z rezalnikom za pecivo ali vilicami narežite mast in jajce; testo bo drobljivo.
c) Polovico testa položite v namaščen pekač velikosti 13"x9"; na stran.
d) V ločeni skledi zmešajte koruzni škrob in preostali sladkor; nežno vmešajte jagode.
e) Mešanico borovnic enakomerno potresemo po testu v pekaču.
f) Preostalo testo razdrobite po vrhu. Pečemo pri 375 stopinjah 45 minut ali dokler vrh ne postane rahlo zlat. Pred rezanjem na kvadrate popolnoma ohladite. Naredi eno desetico.

38. Gumdrop Bars

- 1/2 c. maslo, stopljeno
- 1/2 t. pecilni prašek
- 1-1/2 c. rjavi sladkor, pakiran
- 1/2 t. sol
- 2 jajci, pretepeni
- 1/2 c. sesekljanih orehov
- 1-1/2 c. večnamenska moka
- 1 c. žvečilne kapljice, sesekljane
- 1 t. ekstrakt vanilije
- Okras: sladkor v prahu
f) V veliki skledi zmešajte vse sestavine razen sladkorja v prahu.
g) Testo razporedite v pomaščen in pomokan pekač velikosti 13"x9". Pečemo pri 350 stopinjah 25 do 30 minut, dokler ne postanejo zlate barve.
h) Potresemo s sladkorjem v prahu. Cool; narežemo na palice. Naredi 2 ducata.

39. Palice za zvitke s slanimi oreščki

- 18-1/2 oz. pakiranje rumena mešanica za torte
- 3/4 c. maslo, stopljeno in razdeljeno
- 1 jajce, pretepeno
- 3 c. mini marshmallows
- 10 oz. pakiranje čips iz arašidovega masla
- 1/2 c. lahki koruzni sirup
- 1 t. ekstrakt vanilije
- 2 c. soljeni arašidi
- 2 c. hrustljavi riževi kosmiči

b) V skledi zmešajte suho mešanico za torto, 1/4 skodelice masla in jajce; vtisnite testo v pomaščen pekač velikosti 13"x9". Pečemo pri 350 stopinjah 10 do 12 minut.

c) Potresemo marshmallow čez pečeno skorjo; vrnite v pečico in pecite še 3 minute ali dokler se marshmallowi ne stopijo. V ponvi na srednjem ognju stopite koščke arašidovega masla, koruzni sirup, preostalo maslo in vanilijo.

d) Vmešajte oreščke in kosmiče. Razporedite mešanico arašidovega masla čez plast marshmallowa. Ohladite do trdnega; narežemo na kvadrate. Naredi 2-1/2 ducata.

40. Češnjeve ploščice v Črnem gozdu

- 3 21 oz. pločevinke nadev za češnjevo pito, razdeljen
- 18-1/2 oz. pakiranje mešanica za čokoladno torto
- 1/4 c. olje
- 3 jajca, pretepena
- 1/4 c. žganje z okusom češnje ali češnjev sok
- 6 oz. pakiranje polsladki čokoladni čips
- Po želji: stepen preliv

f) Ohladite 2 pločevinki nadeva za pite, dokler se ne ohladita. Z električnim mešalnikom pri nizki hitrosti stepite preostalo pločevinko nadeva za pite, suho mešanico za torte, olje, jajca in žganje ali češnjev sok, dokler se dobro ne zmešajo.

g) Vmešajte čokoladne koščke.

h) Testo vlijemo v rahlo pomaščen pekač velikosti 13"x9". Pečemo pri 350 stopinjah 25 do 30 minut, dokler zobotrebec ni čist; ohladiti. Preden postrežemo, po vrhu enakomerno razporedimo ohlajen nadev za pito.

i) Narežemo na palice in po želji postrežemo s stepenim prelivom. Za 10 do 12 porcij.

41. Ploščice s pokovko iz brusnic

- 3 oz. pakiranje pokovka za mikrovalovno pečico, popcorn
- 3/4 c. koščki bele čokolade
- 3/4 c. sladkane suhe brusnice
- 1/2 c. sladkan kokos v kosmičih
- 1/2 c. narezani mandlji, grobo sesekljani
- 10 oz. pakiranje marshmallows
- 3 T. masla

j) Pekač 13"x9" obložite z aluminijasto folijo; popršite z
    nelepljivim razpršilom za zelenjavo in postavite na stran. V
    veliki skledi zmešajte pokovko, čokoladne koščke, brusnice,
    kokos in mandlje; na stran. V ponvi na srednjem ognju mešajte
    marshmallowe in maslo, dokler se ne stopita in postaneta
    gladka.
k) Prelijte mešanico pokovke in premešajte, da se popolnoma
    prekrije; hitro prenesite v pripravljeno posodo.
l) Na vrh položite list voščenega papirja; trdno pritisnite. Hladite
    30 minut ali dokler se ne strdi. Dvignite palice iz ponve,
    uporabite folijo kot ročaje; odlepite folijo in voščen papir.
    Narežite na palice; ohladite dodatnih 30 minut. Naredi 16.

42. Pozdravljeni Dolly Bars

- 1/2 c. margarina
- 1 c. drobtine graham krekerja
- 1 c. sladkan kokos v kosmičih
- 6 oz. pakiranje polsladki čokoladni čips
- 6 oz. pakiranje masleni čips
- 14 oz. lahko sladkano kondenzirano mleko
- 1 c. sesekljani orehi

e) Zmešajte margarino in drobtine graham krekerja; pritisnite v rahlo namaščen pekač 9"x9". Plast s kokosom, čokoladnimi in maslenimi koščki.

f) Po vrhu nalijte kondenzirano mleko; potresemo z orehi orehi. Pečemo pri 350 stopinjah 25 do 30 minut. Naj se ohladi; narežemo na palice. Naredi 12 do 16.

43. Irske kremne ploščice

- 1/2 c. maslo, zmehčano
- 3/4 c. plus 1 T. večnamenske moke, razdeljeno
- 1/4 c. sladkor v prahu
- 2 T. kakava za peko
- 3/4 c. kislo smetano
- 1/2 c. sladkor
- 1/3 c. Irski kremni liker
- 1 jajce, pretepeno
- 1 t. ekstrakt vanilije
- 1/2 c. smetano za stepanje
- Po želji: čokoladni posip

e) V skledi zmešajte maslo, 3/4 skodelice moke, sladkor v prahu in kakav, dokler ne nastane mehko testo.

f) Testo vtisnite v nenamaščen pekač 8"x8". Pečemo pri 350 stopinjah 10 minut.

g) Medtem v posebni skledi penasto zmešajte preostalo moko, kislo smetano, sladkor, liker, jajce in vanilijo.

h) Dobro premešajte; prelijemo čez pečeno plast. Vrnite se v pečico in pecite dodatnih 15 do 20 minut, dokler se nadev ne strdi.

i) Rahlo ohladite; ohladite vsaj 2 uri pred rezanjem na palice. V majhni skledi z električnim mešalnikom na visoki hitrosti stepamo smetano za stepanje, dokler ne nastanejo čvrsti vrhovi.

j) Postrezite ploščice, po želji prelite s stepeno smetano in posipom.

k) Hraniti v hladilniku. Naredi 2 ducata.

44. Banana vrtinčaste palice

- 1/2 c. maslo, zmehčano
- 1 c. sladkor
- 1 jajce
- 1 t. ekstrakt vanilije
- 1-1/2 c. banane, pretlačene
- 1-1/2 c. večnamenska moka
- 1 t. pecilni prašek
- 1 t. soda bikarbona
- 1/2 t. sol
- 1/4 c. kakav za peko

e) V skledi stepemo maslo in sladkor; dodajte jajce in vanilijo. Dobro premešajte; vmešamo banane. Odložite. V ločeni skledi · zmešajte moko, pecilni prašek, sodo bikarbono in sol; vmešamo v masleno mešanico. Testo razdelite na pol; eni polovici dodajte kakav.

f) V pomaščen pekač velikosti 13"x9" vlijemo navadno testo; žlico čokoladnega testa na vrhu. Zavrtite z namiznim nožem; pečemo pri 350 stopinjah 25 minut.

g) Cool; narežemo na palice. Naredi 2-1/2 do 3 ducate.

45. Pumpkin Cheesecake ploščice

- 16 oz. pakiranje mešanica za torto
- 3 jajca, razdeljena
- 2 T. margarine, stopljene in rahlo ohlajene
- 4 t. začimba za bučno pito, razdeljena
- 8 oz. pakiranje kremni sir, zmehčan
- 14 oz. lahko sladkano kondenzirano mleko
- 15 oz. lahko bučo
- 1/2 t. sol

e) V veliki skledi zmešajte suho mešanico za torte, eno jajce, margarino in 2 žlički začimb za bučno pito; mešajte, dokler ne postanejo drobtine. Pritisnite testo v pomaščen pekač velikosti 15"x10". V ločeni skledi stepite kremni sir, dokler ni puhast.

f) Stepite kondenzirano mleko, bučo, sol ter preostala jajca in začimbe. Dobro premešajte; razporedi po skorji. Pečemo pri 350 stopinjah 30 do 40 minut. Cool; ohladite pred rezanjem na palice. Naredi 2 ducata.

46. Granola ploščice

Sestavine:

- Bučna semena, ½ skodelice
- Med, ¼ skodelice
- Konopljina semena. 2 žlici
- Kokosova moka, ½ skodelice
- Cimet, 2 žlički
- Artičoka v prahu, 1 žlica
- Vanilijev beljakovinski prah, ¼ skodelice
- Kokosovo maslo, 2 žlici
- Goji jagode, 1/3 skodelice
- Pistacije, ½ skodelice, sesekljane
- Sol, ščepec
- Kokosovo olje, 1/3 skodelice
- Konopljino mleko, 1/3 skodelice
- Vanilijev strok, 1
- Chia semena, 2 žlici kokosovih kosmičev, 1/3 skodelice

metoda:

k) Vse sestavine zmešamo in enakomerno razporedimo v pekač za terine.
l) Hladimo eno uro.
m) Ko je strjen in strjen, ga narežite na palice želene dolžine in uživajte.

47. Bučna ovsena kaša AnytimeSquares

Sestavine:

- Laneno jajce, 1 (1 žlica mletega lanu zmešana s 3 žlicami vode)
- Brezglutenski valjani ovseni kosmiči, ¾ skodelice
- Cimet, 1 ½ čajne žličke
- Pecan, ½ skodelice, prepolovljen
- Mleti ingver, ½ čajne žličke
- Kokosov sladkor, ¾ skodelice
- Arrowroot v prahu, 1 žlica
- Mleti muškatni orešček, 1/8 čajne žličke
- Ekstrakt čiste vanilije, 1 čajna žlička
- Rožnata himalajska morska sol, ½ čajne žličke
- Nesladkan konzerviran bučni pire, ½ skodelice
- Mandljeva moka, ¾ skodelice
- Ovsena moka, ¾ skodelice
- Mini čokoladni čips brez dnevnika, 2 žlici
- Soda bikarbona, ½ čajne žličke

metoda:

e) Pečico segrejte na 350 F.
f) Kvadratno ponev obložite z voščenim papirjem in pustite ob strani.
g) V skodelico zmešajte laneno jajce in pustite stati 5 minut.
h) Pire stepemo s sladkorjem ter dodamo laneno jajce in vanilijo. Ponovno stepite, da se združi.
i) Zdaj dodajte sodo bikarbono, ki ji sledi cimet, muškatni orešček, ingver in sol. Dobro stepemo.
j) Nazadnje dodajte moko, oves, maranto, pekanove orehe in mandljevo moko ter stepajte, dokler se popolnoma ne premeša.
k) Testo prenesite v pripravljen pekač in ga prelijte s koščki čokolade.

l) Pečemo 15-19 minut.
m) Pustite, da se popolnoma ohladi, preden ga vzamete iz pekača in narežete.

48. Red Velvet Pumpkin Bars

Sestavine:

- Majhna kuhana pesa, 2
- Kokosova moka, ¼ skodelice
- Organsko maslo iz bučnih semen, 1 žlica
- Kokosovo mleko, ¼ skodelice
- Vanilijeva sirotka, ½ skodelice
- 85% temna čokolada, stopljena

metoda:

g) Zmešajte vse suhe sestavine, razen čokolade.

h) Suhim sestavinam primešamo mleko in dobro povežemo.

i) Oblikujte srednje velike palice.

j) V mikrovalovni pečici stopite čokolado in pustite, da se ohladi nekaj sekund. Zdaj vsako tablico pomočimo v stopljeno čokolado in dobro premažemo.

k) Hladite, dokler se čokolada ne strdi in utrdi.

l) Uživajte.

49. Snowy Lemon Bars

- 3 jajca, razdeljena
- 1/3 c. maslo, stopljeno in rahlo ohlajeno
- 1 T. limonine lupinice
- 3 T. limoninega soka
- 18-1/2 oz. pakiranje mešanica za belo torto
- 1 c. sesekljanih mandljev
- 8 oz. pakiranje kremni sir, zmehčan
- 3 c. sladkor v prahu
- Okras: dodaten sladkor v prahu

h) V veliki skledi zmešajte eno jajce, maslo, limonino lupinico in limonin sok. Vmešajte suho mešanico za torte in mandlje ter dobro premešajte. Testo vtisnite v pomaščen pekač velikosti 13"x9". Pečemo pri 350 stopinjah 15 minut ali do zlate barve. Medtem v ločeni skledi stepite kremni sir, dokler ne postane rahel in puhast; postopoma vmešamo sladkor v prahu. Dodajte preostala jajca, eno za drugo, dobro premešajte po vsakem.

i) Odstranite posodo iz pečice; mešanico kremnega sira namažite čez vročo skorjo. Pecite 15 do 20 minut dlje, dokler se sredina ne nastavi; kul. Pred rezanjem na ploščice jih potresemo s sladkorjem v prahu. Naredi 2 ducata.

50. Easy Butterscotch Bars

- 12 oz. pakiranje masleni čips, stopljen
- 1 c. maslo, zmehčano
- 1/2 c. rjavi sladkor, pakiran
- 1/2 c. sladkor
- 3 jajca, pretepena
- 1-1/2 t. ekstrakt vanilije
- 2 c. večnamenska moka

f) V skledi zmešajte čips in maslo; dobro premešamo. Dodajte sladkor, jajca in vanilijo; dobro premešamo.

g) Postopoma vmešajte moko. Testo vlijemo v rahlo pomaščen pekač velikosti 13"x9". Pečemo pri 350 stopinjah 40 minut.

h) Ohladimo in narežemo na kvadrate. Naredi 2 ducata.

51. Barva češnjev mandljev

Sestavine:

- Vanilijev beljakovinski prah, 5 meric
- Med, 1 žlica
- Stepalnik za jajca, ½ skodelice
- Voda, ¼ skodelice
- Mandlji, ¼ skodelice, narezani
- Ekstrakt vanilije, 1 čajna žlička
- Mandljev zdrob, ½ skodelice
- Mandljevo maslo, 2 žlici
- Zamrznjene temne sladke češnje, 1 ½ skodelice

metoda:

a) Pečico segrejte na 350 F.
b) Češnje narežemo na kocke in jih odmrznemo.
c) Združite vse sestavine skupaj z odmrznjenimi češnjami in dobro premešajte.
d) Zmes preložimo v pomaščen pekač in pečemo 12 minut.
e) Pustite, da se popolnoma ohladi, preden ga odstranite iz pekača in narežete na palice.

52. Caramel Crunch ploščice

Sestavine:
- 1½ skodelice ovsenih kosmičev
- 1½ skodelice moke
- ¾ skodelice rjavega sladkorja
- ½ čajne žličke sode bikarbone
- ¼ čajne žličke soli
- ¼ skodelice stopljenega masla
- ¼ skodelice stopljenega masla
  Prelivi
- ½ skodelice rjavega sladkorja
- ½ skodelice granuliranega sladkorja
- ½ skodelice masla
- ¼ skodelice moke
- 1 skodelica sesekljanih orehov
- 1 skodelica sesekljane čokolade

navodila:
14. Temperaturo pečice segrejte na 350 F. V skledo dajte oves, moko, sol, sladkor in sodo bikarbono ter dobro premešajte. Dodajte svoje maslo in navadno maslo ter mešajte, dokler ne nastanejo drobtine.
15. Odložite vsaj skodelico teh drobtin za okras pozneje.
16. Zdaj pripravite pekač tako, da ga namastite s pršilom, nato pa na dno pekača položite ovseno mešanico.
17. Postavite ga v pečico in nekaj časa pecite, nato pa ga odstranite, ko je precej rjav, nato pa pustite, da se ohladi. Sledi priprava karamele.
18. To storite tako, da v ponvi z debelim dnom zmešate maslo in sladkor, da se hitro ne zažge. Po dodajanju moke pustite, da nabrekne. Nazaj na osnovo iz ovsenih kosmičev dodajte mešane oreščke in čokolado, čemur sledi karamela, ki ste jo pravkar naredili, in nazadnje jo prelijte z dodatnimi drobtinami, ki ste jih pustili na stran.
19. Ponovno postavite v pečico in pustite, da se pečejo, dokler se ploščice ne zlato obarvajo, kar bo trajalo približno 20 minut.

20. Po peki ga ohladite, preden ga razrežete na poljubno velikost.

53. Dvakrat kuhane kokice Bars

Ingredients:

- 8 žlic masla
- 6 skodelic marshmallows ali mini marshmallows
- 5 žlic orehovega masla
- 8 cups popped caramel corn ali popcorn
- 1 kos reanuts, sesekljan
- 1 skodelica mini shocolate chirs

  Za preliv:

- ½ cur mini marshmallows
- ½ skodelice mini shocolate chips

Navodila

4. Pečico segrejte na 350 stopinj F.
5. Pokrijte dno 9-palčnega kvadratnega pekača s papirjem za risanje.
6. V veliki ponvi stopite maslo. Dodajte marshmallows and smešajte, dokler se popolnoma ne stopi. Vmešajte orehovo maslo.
7. Dodajte the rorsorn in mešajte, dokler ni enakomerna. Razlijte polovico mešanice v rrered pan. Z damp clean rokami, pess the kokice down i try narediti even thickness.
8. Potresemo z oreščki in čokoladnimi koščki.
9. Press the reina ropcorn zmes on top reanus in čokolade.
10. Potresemo s preostalimi marshmallows in hocolate chips, an pace v the oven for 5-7 minutes.
11. Pustite, da se ohladi in nato pred rezanjem ohladite v hladilniku.

54. Cookie Bars brez peke
Sestavine:

- 1/2 kos stopljenega masla
- 1 ½ cups Graham cracker crumbs
- En funt sonfectioners' sugar (3 do 3 1/2 skodelice)
- 1 ½ skodelice masla iz orehov
- 1/2 masla, stopljenega
- 1 (12 unces) vrečka milk chocolate chips

navodila:

6. Zmešajte drobtine krekerja Graham, sladkor in arašidovo maslo; dobro premešamo.
7. Vmešajte stopljeno konopljino maslo, dokler ni dobro premešano.
8. Press zmes evenly v 9 x 13-palčno ran.
9. Čokolado stopite v microwave or v bourer.
10. Srread čez reanut masleno mešanico.
11. Ohladite, dokler se ravno ne strdi, in narežite na ploščice. (Zelo težko jih je rezati, če čokolada postane "rock trda " .)

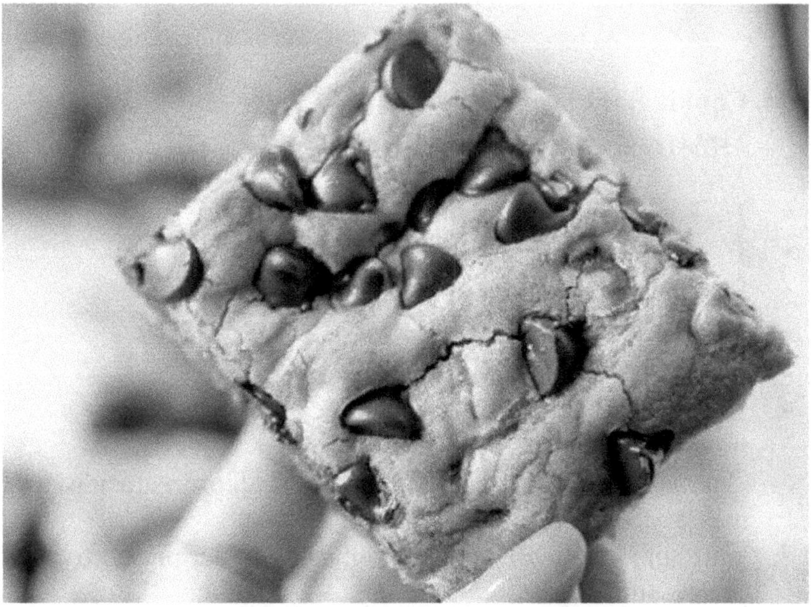

55. Ploščice z mandljevo limono

Dobitek: 32 limoninih ploščic

Ingredients:

- 1/4 skodelice granuliranega sladkorja
- 3/4 skodelice sannabis-infused masla (sofened)
- 1 teaspoon lemon zest
- 2 skodelici polnozrnate moke
- 1/4 teaspoon table sal t
  Za Lemon Bar Batter:

- 6 velikih jajc
- 2 sladkorja
- 1/4 pečenega, kristaliziranega ingverja
- 1/2 moke all-urrose
- 1 čajna žlička pekača
- 2 tablespoons lemon zest
- 2/3 skodelice svežega limoninega soka
  Za mandljevo mešanico:

- 3/4 kos moke
- 1/2 skodelice sladkorja
- 1/4 čajne žličke soli
- 1/4 skodelice masla (stopljenega)
- 1/2 narezanih mandljev
- Optional garnishes: posip owdered sugar, stepena smetana, etc.

navodila:

Za Lemon Bar Crust:

6. Pečico segrejte na 350 stopinj F.
7. S stoječim ali ročnim električnim mešalnikom stepajte 1/4 kozarca sladkorja, 3/4 kozarca zmehčanega masla in 1 čajno

žličko limonine lupinice pri srednji hitrosti 2 minuti ali dokler zmes ni kremasta.
8. V ločeni veliki skledi zmešajte 2 kosi moke in 1/4 čajne žličke soli. Postopoma dodajajte suhe dobrote (moko in sol) kremnemu maslu, sladkorju in jajcem. Dobro premešajte, dokler ni vse dobro združeno.
9. Ko je testo premešano, pripravite pekač velikosti 9x13 palcev z nekaj nonstick cooking spray. Prazno, namazano posodo postavite v hladilnik, da se ohladi vsaj 15 minut pred peko.
10. Odstranite posodo iz hladilnika in vstavite testo v pekač, dokler ne ustvarite enotnega pekača. (Ne zamudite the corners!)
11. Skorjo pecite 15 do 20 minut v predhodno ogreti pečici ali dokler rahlo ne porjavi.
12. Odstranite skorjo iz pečice in znižajte temperaturo pečice na 325 stopinj F.
13. Pustite skorjo zaenkrat ob strani.

ForLemon bar Batter:

9. Stepite 6 jajc in 2 skodelici sladkorja.
10. V kuhinjski robot ali blender dodajte 1/2 skodelice moke skupaj s 1/4 skodelice kristaliziranega ingverja. Mešajte obe sestavini skupaj, dokler se popolnoma ne združita. Predlagamo, da mešanico moke in ingverja stresemo v skledo srednje velikosti.
11. V mešanico moke in ingverja vmešajte 1 čajno žlico pecilnega praška.
12. V skledo, v kateri so jajca in sladkor, počasi dodajajte mešanico moke in ingverja.
13. Stepite v the lemon juice an 2 tablespoons of limonine lupine dest, dokler se popolnoma ne združita and smoot.
14. Testo za limonino ploščico prelijte na ohlajeno skorjo, jed pretresite in stresajte, da izpustite morebitne zračne mehurčke.
15. Limonine ploščice pecite v vaši rreheated owen 15 do 20 minut ali dokler se limonin nadev komaj strdi.
16. Remove lemon bars from the oven in pace to sside de.

Za mešanico narezanih mandljev:

4. Preostale 3/4 moke, 1/2 skodelice sladkorja in 1/4 čajne žličke soli zmešajte v majhni skledi.
5. Vlijte 1/4 skodelice stopljenega masla in mešajte sestavine, dokler se dobro ne zmešajo.
6. Dodajte 1/2 skodelice narezanih mandljev in še enkrat mešajte.
7. Mešanico mandljev in sladkorja poškropite po vročih limonovih ploščicah, nato pa limonine ploščice postavite nazaj v pečico za dodatnih 20 do 25 minut ali dokler niso rahlo zlate barve
8. Odstranite limonine ploščice iz pečice in jih pustite, da se ohlajajo v pekaču na žični rešetki za vsaj 1 uro.
9. Narežite svoje lemon bars na posamezne s q uares, an serve immediately s dasd dasd powdered sugar, če želite.

56. Čokoladna ploščica

Sestavine:

- 1/4 kos masla
- 4 kos čokolade

navodila:

6. Melt chocolate v clean, dry bockal set or ponve of komajda swater water. Če želite popeči čokolado, dodajte svoje maslo.
7. Ko je čokolada stopljena (in temperirana, če temperirate čokolado), odstranite skledo iz ponve in odstranite vlago z dna posode.
8. Nalijte ali žlico layer of chocolate v your molds. Nekajkrat jih položite na pult, da enakomerno porazdelite čokolado in sprostite morebitne zračne mehurčke; nato delajte hitro, na vrhu dodajte poljubne vrste oreščkov, suhega sadja ali druge sestavine, ki jih želite, in jih na rahlo potresite.
9. V hocolate lahko vmešate tudi sestavine, na primer toasted nuts, seeds, crisped rice cereal, snipped marshmallows or ore sestavine, nato zmes vlijete v modele.)
10. Takoj postavite the bars v refrigerator, dokler ni čvrst. Če se uporablja tempered chocolate, ne bi smelo trajati več kot pet minut, da se strdijo. V nasprotnem primeru bo čokolada trajala dlje.

57. Ovsene ploščice

Čas priprave: 15 minut
Čas kuhanja: 25-30 minut
Obroki: 14-16
Sestavine:
- 1¼ skodelice staromodnega valjanega ovsa
- 1¼ skodelice večnamenske moke
- ½ skodelice drobno sesekljanih praženih orehov (glej opombo)
- ½ skodelice sladkorja
- ½ čajne žličke sode bikarbone
- ¼ čajne žličke soli
- 1 skodelica masla, stopljeno
- 2 žlički vanilije
- 1 skodelica kakovostne marmelade
- 4 celi graham krekerji (8 kvadratov), zdrobljeni
- Stepena smetana, za serviranje (neobvezno)

navodila:

4. Pečico segrejte na 350°F. Namastite 9-palčni kvadratni pekač. V skledo damo in zmešamo ovsene kosmiče, moko, orehe, sladkor, sodo bikarbono in sol. V majhni skledi zmešajte maslo in vanilijo. Dodajte mešanico masla v ovseno mešanico in mešajte, dokler ne postanejo drobtine.
5. 1 skodelico rezervirajte za preliv, preostalo ovseno mešanico pa vtisnite na dno pekača. Po vrhu enakomerno razporedite marmelado. Prihranjeni ovseni mešanici dodamo zdrobljene krekerje in potresemo po marmeladi. Pečemo ga približno 25 do 30 minut oziroma dokler robovi ne porjavijo. Povsem ohladite v ponvi na rešetki.
6. Razrežite na 16 kvadratov. Postrezite in po želji dodajte kanček stepene smetane.
7. Če ga shranite v stekleni posodi v hladilniku, ga boste ohranili.

58. Žvečilne ploščice s pekanom

Sestavine:
- Sprej za peko proti prijemanju
- 2 skodelici plus
- 2 žlici večnamenske moke, razdeljeno
- ½ skodelice granuliranega sladkorja
- 2 žlici plus
- 2 žlički maslo
- 3½ čajne žličke nesoljenega masla, narezanega na koščke
- ¾ čajne žličke plus košer ščepec soli, razdeljeno
- ¾ skodelice pakiranega temno rjavega sladkorja
- 4 velika jajca
- 2 žlički vanilijevega ekstrakta
- 1 skodelica lahkega koruznega sirupa
- 2 skodelici sesekljanih pekanov
- Pekan orehe prerežite na pol

navodila:

11. Pečico segrejte na 340°F. Pekač namastite s pršilom proti sprijemanju in ga obložite s pergamentnim papirjem tako, da ima previs na obeh straneh, da boste palice zlahka dvignili iz pekača.
12. Z mešalnikom ali kuhinjskim robotom zmešajte stročnice, sladkor, vrste masla in ¾ čajne žličke soli. Zmes se bo oblikovala v grudice.
13. Testo prenesite v pripravljen pekač. Močno in enakomerno ga pritisnite na dno pekača. Skorjo prebodite z vilicami in pecite do svetlo do srednje zlato rjave barve, 30 do 35 minut.
14. Z isto skledo kuhinjskega robota zmešajte rjavi sladkor, preostali 2 žlici moke, ščepec soli, jajca, vanilijo in koruzni

sirup. (Koruzni sirup dodajte nazadnje, da se ne zatakne na dnu kuhinjskega robota.)

15. Pulzirajte, dokler ni popolnoma združena. Mešanico obrnite v veliko skledo
in dodajte pekan orehe.

16. Z žlico mešanico orehov pekan enakomerno razporedite po pečeni skorji. Na vrh nadeva položite nekaj dodatnih polovic orehov orehov kot okras.

17. Pekač postavite nazaj v pečico in pustite, da se peče, dokler se sredina ne strdi 35 do 40 minut. Če se notranjost še vedno premika, pripravite še nekaj minut; če opazite, da se palice na sredini začenjajo napihovati, jih takoj odstranite. Postavite jih v rešetko in pustite, da se ohladijo, preden jih razrežete na 16 (2-palčnih) kvadratov in dvignete palice.

18. Shranjevanje: Palice hranite v npredušni posodi pri sobni temperaturi 3 do 5 dni ali zamrznite do 6 mesecev. Lahko so zelo lepljivi, zato jih zavijte v pergament ali voščen papir.

ZAKLJUČEK

Najboljše sladice imajo običajno različne okuse in veliko različic, možnosti so neskončne, poglejte, kaj si lahko izmislite!

Sladice so tudi res lepo božično darilo ali darilo za katero koli drugo posebno priložnost za prijatelje in družino. Kdo si ne bi želel prejeti lepo okrašenega paketa, polnega domačih sladic? To bi lahko bilo eno najboljših daril vseh časov! Imajo precej dolg rok trajanja in jih lahko spečemo nekaj dni vnaprej. Lahko jih shranite tudi v zamrzovalniku, če so tesno zaviti v plastično folijo.

S to kuharsko knjigo boste zagotovo poskrbeli, da se bodo vaši gostje želeli vrniti po še en kvadrat!

Milton Keynes UK
Ingram Content Group UK Ltd.
UKHW030744121124
451094UK00013B/989

9 781836 872009